Carsten Tabel
VIER HALBE AMERIKANER

Carsten Tabel

VIER HALBE AMERIKANER

Roman

S. Marix Verlag

EINS

Die Dana, der Franz, der Mitch und ich sind vier halbe Amerikaner. Das macht zusammen zwei ganze.
Unsere Daddys hatten was von der Welt sehen wollen und die US-Army hatte für sie entschieden, dass das die hessische Kleinstadt Weilberg sein sollte.
Sie freuten sich auf deutsches Bier und blonde Girls, packten ihre Sachen und stiegen in ein Flugzeug.
Sie haben bei der Army schießen und in den Weilberger Kneipen küssen gelernt. Mit ihren Panzern sind sie über die hessischen Landstraßen zum Manöver in die Wälder gerattert und am Wochenende in betrunkenen Horden durch die Altstadt gezogen. Sie boxten sich mit Einheimischen und mit blutenden Nasen versprachen sie unseren Müttern ein aufregendes Leben in Amerika. Als Beweis dafür, dass sie es ernst meinten, haben sie ihnen dann in irgendeiner dunklen Weilberger Ecke einen halben Amerikaner gemacht.

Ich besitze nur ein einziges Foto von meinem Daddy. Mit kahlrasiertem Schädel, Hundemarke um den Hals und Bierflasche in der Hand lehnt er an der Reling des Autoskooters auf dem Weilberger Herbstmarkt. Unter seinem aufgeknöpften Flanellhemd ein weißes T-Shirt mit Kaffeeflecken, über dem rechten Mundwinkel ein kleines Muttermal, seine Augen sind geschlossen.
Welche Farbe haben sie?
Hellbraun.
Wie meine?
Fast.

Ich habe das Bild mit zwölf einmal nachgestellt und es meiner Mutter in einem herzförmigen Goldrahmen zum Geburtstag geschenkt. Sie hat nur die Augen verleiert.
Ach, Junge!

Dass mein Vater Soldat war, erklärte seine Abwesenheit. Immer wieder bat ich meine Mutter, mir von ihm zu erzählen. Es folgten wortkarge Berichte über Kämpfe gegen Russen und hinterhältige Dschungelasiaten. Aus diesen missmutig und lückenhaft an mich herangetragenen Geschichten reimte ich mir ein Heldenepos zusammen, in dem mein Vater in Camouflage gekleidet die Welt rettete. Er tat es für mich, seinen kleinen Sohn. Er vermisste mich. Er schrieb mir Briefe, die nie ankamen. Bestimmt hatte er sich eine falsche Adresse aufgeschrieben.
Ich erzählte seine Geschichte auf dem Spielplatz, beim Kinderarzt, auf dem Schulhof, erzählte sie immer wieder auch meiner Mutter, um die Richtigkeit meiner Fassung von ihr bestätigen zu lassen.
Das erfindest du!
Nein, das hast du so erzählt.
Ich ließ ihr keine Ruhe, bis sie eines Tages im Supermarkt eine Schachtel Chesterfield aus dem Zigarettenregal griff und mir an die Stirn warf.
Hier, die hat er geraucht, dein Vater. Das stimmt! Und sonst stimmt nichts, was ich dir erzählt habe. Ich weiß nichts über ihn, verstehst du? Nichts!
Sie sagte, dass mein Vater einfach nur ein feiger Amerikaner sei, der sich einen Scheiß für mich interessiere. Ich glaubte ihr kein Wort.
So was wie feige Amerikaner gibt es nicht. So was wie einen Vater, der sich nicht für sein Kind interessiert, gibt es gar nicht.
Ich bettelte sie an, einen amerikanischen Privatdetektiv auf meinen Vater anzusetzen. So einen wie im Fernsehen, mit Pistolenhalfter und Cowboystiefeln.

Das kann ich mir nicht leisten, Christian! Weißt du, was das kostet?

Sie beauftragte einen Anwalt, der von seinem Weilberger Schreibtisch aus meinen Vater aufspüren, die Anerkennung der Vaterschaft erwirken und mir die amerikanische Staatsbürgerschaft verschaffen sollte.

Mein Großonkel hatte die Sache in die Wege geleitet. Der Anwalt sei zwar schon ein wenig älter, seit zehn Jahren im Ruhestand, aber ein sehr fähiger Mann, spezialisiert auf Familienrecht. Die beiden kannten sich schon lange und mindestens genauso lange schuldete er dem Großonkel einen Gefallen.

Der Anwalt benötigte das Bild meines Vaters. Ich wollte es nicht aus der Hand geben und begleitete meine Mutter an den Weilberger Stadtrand, wo sich im Keller eines Einfamilienhauses die Kanzlei befand.

Der Anwalt hustete in ein kariertes Stofftaschentuch und bat uns, die Unordnung zu entschuldigen. Es roch nach Kartoffeln, Heizöl und Zigarettenrauch. Auf seinem Schreibtisch stapelten sich Illustrierte und Rätselhefte. Verschiedene Klebstoffe, Vergrößerungsgläser, volle Aschenbecher umzingelten ein kurz vor der Vollendung stehendes Plastikmodell eines Wehrmachtspanzers.

Zeig mal her, den Papa.

Er zündete sich eine Zigarette an, betrachtete das Bild, bat mich, es aus dem Rahmen zu nehmen. Mit einer Lupe beugte er sich darüber und versuchte die Nummer der Erkennungsmarke zu entziffern.

Unlesbar.

Etwas Asche fiel auf das Foto.

Das behalte ich, sagte er, nahm das Bild und ließ es in einer Schublade verschwinden.

Hilfe suchend sah ich meine Mutter an.

Keine Angst, kriegst dein Bild schon wieder.

Der Anwalt zwinkerte mir zu und kramte aus einer anderen Schublade eine angebrochene Packung Weinbrandbohnen.
Nimm, so viel du willst.
Dann wurde er ernst.
Wir sollten uns keine große Hoffnung machen, die Army verweigere in der Regel jede Auskunft. Aber keine Regel ohne Ausnahme, er lachte und nach einer kurzen Pause sagte er:
Im Stich gelassene, verspätete Kriegsopfer seid ihr.
Er seufzte, seine Frau brachte einen Teller mit Streuselkuchen.
Ein halbes Jahr später bekam ich das Foto zurück.
Joe Miller aus Amerika war unauffindbar, nicht zur Rechenschaft zu ziehen.
Ich war mir sicher, dass der Anwalt es nicht einmal versucht hatte, dass das Bild sechs Monate in seiner Schreibtischschublade gelegen hatte, während er kiloweise Zigaretten geraucht und ganze Panzerarmeen zusammengeklebt hatte.
Niemand ist unauffindbar. Ich habe die Auslandsauskunft angerufen. Die Frau am anderen Ende fand 13 624 Einträge auf den Namen Joe Miller, überall in den USA verstreut. Diese Zahl hat mich nicht ernüchtert, sondern im Gegenteil ganz merkwürdig berauscht und kurz dachte ich, ich rufe die alle an.

Auch der Großonkel hatte sich mehr von dem Anwalt versprochen.
Was machen wir jetzt?
Ich brachte den amerikanischen Privatdetektiv erneut ins Spiel, aber der Großonkel schüttelte den Kopf. Er habe eine bessere Idee.
Ich fahr mit dir nach Amerika. Mal sehen, ob er uns über den Weg läuft, dein GI Joe.
Ich wollte aufspringen, ihm um den Hals fallen, meine Sachen packen, wollte sofort los. Der Großonkel drückte mich zurück in den Stuhl und sagte:

Wenn du vierzehn bist.
Das war in zwei Jahren.
Mit vierzehn ist man schon fast erwachsen.
Zwei Jahre erschienen mir wie eine Ewigkeit.
Zwei Jahre vergehen schnell, sagte der Großonkel.
Versprochen.
Als Feuerwehrhauptmann außer Dienst bekam der Großonkel eine hohe Pension. Er speiste täglich außer Haus, brachte seine Wäsche mit dem Taxi zur Reinigung, reiste um die ganze Welt und unterstützte uns so gut er konnte. Einen Narren hätte er an uns gefressen, ein Verschwender sei er, ein Spinner, sagten die anderen Weilberger Verwandten.

Als meine Mutter mit mir schwanger war, hatte ihr Vater bei einer Familienfeier erzählt, früher hätten die Weiber bei unehelicher Schwangerschaft Anstand bewiesen und wären ins Wasser gegangen. Das hätte man so gemacht, das hätte sich so gehört. Zustimmung hatte sich breit gemacht. Mein Großonkel aber hatte nichts gesagt, sondern meiner Mutter beim Abschied einen Tausendmarkschein zugesteckt.

Mach dir nix draus, Michaela. Bleib du mal schön an Land.
Als jüngerer Bruder hatte er die gesamte Kindheit unter dem Großvater gelitten, er zeigte mir die Narben.
Wie hat er das gemacht?
Messer. Zigarette.
Nur um ihm eins auszuwischen, würde er sich auf die Seite der Tochter und des Bastards schlagen, hat der Großvater ihm vorgeworfen. Aus Rache, weil er als Bub halt manchmal grob zu seinem Bruder gewesen sei. Kindisch sei es, das nicht vergessen zu können.

Kurz nach der Geburt zog meine Mutter mit mir in eine kleine Wohnung über der Sparkasse im Südviertel. Ihr Schlafzimmer befand sich direkt über dem Tresorraum, hier fühlte sie sich sicher.

Tagsüber arbeitete sie im Erdgeschoss am Kassenschalter, nahm Einzahlungen entgegen, wechselte Kleingeld, zahlte Gehälter und Renten aus.

Die Kolleginnen und der Chef unterstützten sie so gut sie konnten. Mein Laufstall stand zwei Jahre lang im Pausenraum der Sparkasse. Ich lernte spät zu krabbeln, noch später zu laufen. Der Kinderarzt fand das bedenklich, aber diese Bedenken wurden abgewunken.

Irgendwann lief ich aber doch, brach aus, fiel hin, schrie, weinte, stieß mich, heulte, aß Geld und da war es vorbei mit der Sparkassenkindheit. Meine Mutter ging zum Pfarrer und bat um vorzeitige Aufnahme im evangelischen Kindergarten.

Der Kindergartenbesuch sei in seiner Gemeinde erst ab drei Jahren möglich, sagte der Pfarrer. Die Erzieherinnen seien schon überfordert mit den ganzen Türkenkindern. So ein kleines Kind geht doch ein, wenn's nicht bei der Familie ist. Da müssen die Omas ran, die Tanten. Da muss man zusammenhalten. Meine Mutter fing an zu weinen und er nahm ihre Hand.

Ach Michaela, was haste dir da angetan?

Er seufzte, holte eine Flasche Doornkaat und gab ihr einen Rat.

Wer von Staat, Kirche und Sippe nichts mehr zu erwarten hat, der muss sich eben selber helfen. So war's schon immer.

Der Pfarrer hatte von einem befreundeten Kollegen aus Frankfurt erzählt bekommen, dass dort einige Eltern die Kinderbetreuung selbst organisieren würden, dass da ganz interessante Modelle in den letzten zehn Jahren entwickelt worden wären. Kinderläden nannten sie das. Sie sei doch mit dem Schicksal nicht allein, sie könne sich doch mit anderen zusammentun. Sie könne gerne im Gemeindeblättchen eine Anzeige schalten. Eine kleine Anzeige koste gerade mal fünf Mark.

Meine Mutter sah den Pfarrer entsetzt an und entzog ihm ihre Hand. Sie konnte gar nicht glauben, was er da sagte. Sie, die Tochter des städtischen Schatzmeisters, die Sparkassenangestellte, sollte, weil sie einmal im Leben unvorsichtig gewesen war, alternative Gegenmodelle zu Staat und Kirche entwickeln? Sie wollte doch nicht weiter raus aus der Gesellschaft, sondern wieder rein.

Wenn er von seinen Reisen zurückkehrte, lud der Großonkel meine Mutter und mich ins Café Springer am Marktplatz ein. Er bestellte Quarktorte, Nussecken und Windbeutel und legte stapelweise Urlaubsfotos auf den Tisch. Während ich mir die Fotos ansah, erzählte er meiner Mutter von den Marotten seiner Reisebekanntschaften, erzählte von Sonnenuntergängen und Fischvergiftung.
Ich suchte auf den Fotos nach einer Spur meines Vaters. Schließlich konnte er überall sein, hätte zufällig in Indonesien, Dubai oder Moskau ins Bild gelaufen sein können.
So was gibt es.
Jedes Mal glaubte ich, ihn auf einem der Bilder zu erkennen, zeigte meiner Mutter aufgeregt einen kahlgeschorenen Hinterkopf, den Ärmel eines Flanellhemdes. Nach einem kurzen, prüfenden Blick schüttelte sie den Kopf, streichelte mir über die Wange und wandte sich wieder dem Onkel zu.

Ich zählte die Tage bis zu meinem vierzehnten Geburtstag, konnte an nichts anderes mehr denken, bis ich eines Tages über den Schullautsprecher aufgefordert wurde, ins Rektorat zu kommen.
Setz dich da hin, deine Mutter kommt dich gleich holen.
Ein Verwandter sei im Krankenhaus.
Der Großonkel.
Herzinfarkt.

Auf dem Friedhof und beim Totsaufen im *Deutschen Haus* sprach ich kein Wort.
Kriegst dein Maul nicht auf. Saubub.

Der Christian ist halt sensibel, Papa.
Wir würden das Haus bekommen, alle wussten es. So hatte es der Großonkel zuletzt gewollt. Das Flittchen und ihr Bastard. Die Erbschleicher. Apfelwein- und schnapsgeschwängert machten sie sich über uns her.
Verdient hast du's nicht.
Aminutte.

Als wir das *Deutsche Haus* verließen, fing meine Mutter an zu weinen. Ich nahm ihre Hand.
Ist schon gut, Christian. Bald haben wir ein Haus, ein Haus ganz für uns allein.
Ich ließ die Hand wieder los.
Ich wollte kein Haus, ich wollte nach Amerika.

ZWEI

Du hast sie doch nicht alle.
Es ist früh um sechs, der erste Tag der Semesterferien. Die Dana ist am Telefon, fragt, ob ich Lust auf eine Radtour hätte.
Hast du mal auf die Uhr geguckt?
Reg dich ab, sagt sie. Um eins am Niddapark.
Dann legt sie auf.

Zwei Stunden fahren wir durch die pralle Sonne, die Dana auf dem Rennrad fröhlich pfeifend voneweg, ich habe Mühe mitzuhalten. Sie dreht sich um:
Wir fahren zum Knochensee.
Der Badesee unserer Kindheit.
Freust du dich?
Sie wartet nicht auf meine Antwort, tritt fester in die Pedale, saust davon, hängt mich ab.
Der Schweiß läuft mir von der Stirn, brennt in den Augen.
Ganz weit vor mir sehe ich die Dana absteigen. Sie schließt das Fahrrad an, verschwindet im Gebüsch in Richtung See.

Die Dana wickelt sich zum Umziehen in ein Handtuch, lässt es fallen, und fragt, wie ich ihren neuen Bikini finde.
Toll.
Ich gucke nicht mal hin. Sie hatte nichts gesagt von Badesachen.
Ich bin sauer.
Was ist? Geh doch in Unterhosen.
Die Unterhose hat ein Loch.
Dann eben nackt, sagt sie, ist doch nichts dabei.

Die Dana springt ins Wasser. Wir sind allein am See. Baden verboten. Aber das ist der Dana egal.
Ich setze mich in den Schatten der Uferbäume, esse zwei Brötchen mit Fleischsalat, trinke fast die ganze Flasche Pfirsicheistee. Der gesamte Proviant. Die Dana hat nichts mitgebracht.
Alle fünfzig Meter wechselt sie von Brust auf Rücken. Der neue Bikini ist rot-weiß gestreift. Jetzt winkt sie und ich winke ihr zurück, das Essen hat mir gutgetan. In der Mitte des Sees dreht die Dana um. Sie kann nicht mehr, kommt kaum noch von der Stelle. Ich höre sie keuchen.
Alles in Ordnung?
Ein bestätigender Laut. Mehr kommt nicht aus ihr raus.
Erschöpft und blass steigt sie aus dem Wasser, legt sich auf die Badematte, Augen zu, atmet schnell, hat Durst, hat Hunger.
Schluck Eistee?
Die Dana nickt.
In der Flasche schwimmen Brötchenkrümel. Die Dana guckt nicht hin.

Was ist das?
Ein flatterndes Geräusch von oben. Es wird lauter, etwas nähert sich von oben. Ein einsamer Bananenhubschrauber spiegelt sich im Knochensee. Wie in Zeitlupe hebt die Dana den rechten Arm, spreizt Zeige- und Mittelfinger zum Victoryzeichen, sendet einen Gruß nach oben. Die Farbe kehrt zurück in ihr Gesicht.
Hast du eine Zigarette?
Ich zünde eine an, stecke sie zwischen ihre blauen Lippen. Sie zittert. Der Hubschrauber weiß nicht wohin mit sich, fliegt vor, zurück, sucht Anschluss, findet nichts. Der Himmel färbt sich rot, weißer Rauch strömt aus Danas Mund.
Die Amerikaner ziehen ab, packen ihre Sachen, räumen ihre Unterkünfte. Das Studentenwohnheim, in dem ich seit zwei Jahren wohne, war vorher eine Kaserne, und im Weilberger

Wald, wo früher hinter jedem Baum, Gewehr im Anschlag, ein amerikanischer Soldat gestanden hat, spazieren wieder Deutsche, suchen Pilze, pflücken Brombeeren.
Als hätten sie den Krieg gewonnen. Der Hubschrauber im Sinkflug.
Ist er gekommen, um uns abzuholen?
Die Dana gähnt, die Beine tun ihr weh. Der Hubschrauber steigt wieder auf, beschleunigt und ist weg.
Ein Abschiedsgruß.

Die Dana will nur das kleine Stück nach Weilberg radeln, dort das Auto meiner Mutter holen und damit zurück nach Frankfurt fahren.
Die Räder schmeißen wir hinten rein.
Sie steht auf und zieht sich an.
Kommst du?

Als wir das Haus meiner Mutter betreten, ist es bereits dunkel.
Der Schlüssel für den Kombi hängt am Haken rechts neben der Tür.
Ich zögere.
Was ist?
Ich hatte meine Mutter gefragt, ob ich das Auto haben könnte, während sie im Urlaub ist.
Auf gar keinen Fall, hatte sie gesagt.
Aber ich kann dich doch zum Flughafen fahren und auch wieder abholen.
Damit ich dann um halb drei nachts dastehe und du kommst nicht? Darauf kann ich verzichten.
Die Dana nimmt den Schlüssel.
Kriegt doch keiner mit.
Wir fahren über die Dörfer. Die Dana will bei einem Erdbeerfeld anhalten, kennt eines gleich am Ortsausgang.

Die Läden der kleinen Holzhütte sind schon verschlossen.
Halt an.
Der Erdbeermann steht am Kofferraum, lädt ein, was er nicht verkauft hat. Die Dana rennt hin, quatscht ihm zwei Körbe ab.
Geschenkt.
Wir essen, bis unsere Münder wund sind.
Als hätten wir stundenlang geknutscht, lacht die Dana.
So fühlt sich das also an.
Ich schalte das Radio ein, sie zieht die Schuhe aus, kurbelt das Fenster runter, hängt die Füße in den Wind.
Ich überlege, ob ich was sagen soll, weil sie sich nicht angeschnallt hat, aber die Dana kommt mir zuvor.
Das war cool.
Was war cool?
Der Tag mit dir. Hat Spaß gemacht.
Sie steckt sich die letzte Erdbeere in den Mund.
Die Dana will, dass ich jetzt auch was sage.
Kannst du dich bitte anschnallen?
Wir kommen am Hauptbahnhof vorbei, und ich biege rechts ab in Richtung Gallusviertel.
Wohin willst du?
Sie weiß es doch längst.

Das einzige Mal, dass die Dana und ich uns geküsst haben, war vor acht Jahren am Knochensee. Der Stiefvater vom Franz hatte uns zu Ferienbeginn ein großes Zelt, Benzinkocher, Tarnhosen, Mützen und olivgrüne Unterhemden im Army Shop gekauft. Als er uns am Knochensee absetzte und die Geschenke auspackte, haben wir uns alle bei ihm bedankt. Der Franz sagte nichts, als er aber seine Uniform anlegte, sah man ihm die Freude an.
Gut siehst du aus. In einer Woche hol' ich euch wieder ab. Zähneputzen nicht vergessen.
Der Stiefvater ging zum Auto.

Soll ich nicht doch beim Aufbauen helfen?
Hau endlich ab.
Es klang fast zärtlich, wie der Franz das sagte.
Die Dana kam vom Umziehen zurück. Sie sah anders aus. Halb Junge. Die Arme muskulös und drahtig, die Haare unter der Mütze versteckt.
Sie sagte mir, ich würde gut aussehen in dem grünen Unterhemd.
Ich wurde rot.
Du auch, dachte ich, konnte es aber nicht sagen. Nicht mal in die Augen sehen konnte ich der Dana.
Sie sah umwerfend aus.
Gefechtspause, sagte der Mitch und holte eine Flasche Whiskey aus dem Rucksack.
Rührt euch.
Er hatte das Kommando für den ersten Tag.
Die Flasche kreiste. Als die Dana sie an mich weiterreichte, berührten sich unsere Finger. Kaum auszuhalten, aber wieso? Ich habe die Danafinger doch schon tausend Mal berührt.
Der Mitch nahm einen letzten Schluck. Los geht's.
Wir sammelten Feuerholz.
In der Nacht konnte ich nicht schlafen und legte mich ans Ufer. Ich schaute in den hessischen Himmel und stellte mir vor, wie Joe Miller und ich in einem Pick-up durch die amerikanische Nacht fuhren, wir trugen Holzfällerhemden. Im Auto roch es nach Chicken-Nuggets.
Ich hörte, wie jemand vom Lager herüberkam.
Die Dana legte sich zu mir.
Hi.
Sie rückte immer näher an mich heran, nahm mir die Mütze vom Kopf, griff mir ins Haar, legte ihre Hand auf meine Brust. Dann beugte sie sich zu mir und küsste mich auf den Mund. Ihre Lippen schmeckten nach Juicy Fruit, und ich dachte: Das geht nicht.

Beim Mitch und beim Franz brennt Licht.
Komm, wir gehen hoch.
Aber die Dana will nicht, will im Auto warten.
Sonst versacken wir bei den Idioten.
Bei den Idioten. Die Dana glaubt, sie ist was Besseres.
Ich klingle. Einmal lang, einmal kurz, bis fünf zählen, nochmal kurz. Nichts passiert. Ob sie das Klingelzeichen geändert haben? Ich war lange nicht mehr hier.
Ein leises Klicken, ich öffne die Tür. Im Treppenhaus riecht es nach Gras und Hund. Als ich oben ankomme, steht der Mitch in Unterhosen im Türrahmen.
Was machst'n du hier? Komm rein.
Wir gehen in die Küche.
Willst du Pizza?
Nein. Danke. Wo ist der Franz?
Hat Kundschaft.
Aus dem Zimmer gegenüber der Küche hört man Maschinengewehrsalven. Der Mitch kippt Ketchup auf die Pizza.

Die Mutter vom Mitch gab es nicht mehr. Sie war bei der Geburt gestorben und über den Vater wusste man nichts, außer dass er angeblich Amerikaner war. Der Mitch wuchs bei den Großeltern auf, deren Haus nach dem Tod der einzigen Tochter beherrscht wurde von bedrückender Gemütlichkeit, die Beleuchtung gedimmt, die Böden flauschig, die Sessel groß und klobig, ein Aquarium mit Neons, Radio und Fernseher liefen den ganzen Tag. Keine Umgebung, in der ein Kind gut gedeiht. Der Mitch ergriff so oft es ging die Flucht, streifte durch die Nachbarschaft, lungerte auf Spielplätzen, suchte Freunde und fand schließlich den Franz. Ein zweiter halber Amerikaner! Der Mitch hat nicht geahnt, dass es das gibt. Der Franz hatte schwarze Locken und hellbraune Haut. Die Weilberger Kinder nannten ihn Nutella, Schoko oder Negerkuss und obwohl je-

der diese Süßigkeiten mochte, sagte der Franz dem Mitch, dass ihn die Spitznamen unglaublich wütend machten. Dabei hat der Franz sich so fest am Arm gekratzt, dass es blutete. Dem Mitch gefiel das nicht. Von nun an kümmerte er sich darum, wenn dem Franz mal einer dumm kam, verteilte Backpfeifen und Arschtritte.
Der Mitch schubste, spuckte und beschimpfte.
Verpiss dich, Bleichgesicht!
Halt's Maul, Kartoffel!
Wusstet ihr, dass noch vor ein paar Jahren der Adenauer ein Mischlingsbaby, wie der Franz es war, seiner deutschen Mutter weggenommen, es nach Amerika geschickt und zur Adoption freigegeben hätte? Das Beste für alle sei das gewesen: Für die Mutter, für das Kind und auch für Deutschland, skandierte der René Müller auf dem Schulhof.
Der Franz drehte sich traurig um, schlurfte Richtung Klo und wünschte sich in die Adenauerzeit. Der Mitch wartete bis Schulschluss, lauerte dem Müller auf und brach ihm den rechten Arm.
Ich bring dich um, wenn du was sagst.

Der Mitch hat das letzte Stück Pizza aufgegessen, als sich die Tür von Franz Zimmer öffnet und die Kundschaft entlässt. Drei Weilberger. Man kennt sich von früher.
Ach du Scheiße. Der Christian.
Der Franz freut sich. Die Kundschaft tut so, als würde sie sich auch freuen.
Ewig nicht gesehen. Jetzt aber schnell zur S-Bahn nach Weilberg. Schnell noch paar Bier am Kiosk, dann heim ins Bettchen. Morgen früh um sechs klingelt der Wecker. Duschen, anziehen und dann schon wieder mit der S-Bahn nach Frankfurt, zur Degussa, zu Siemens, schaffen. Eine Wohnung in Frankfurt, nein danke. Fürs gleiche Geld kriegt man in Weilberg und Umgebung eine richtige Luxusbude und kann dazu noch Auto und Hobbies und

Freundin finanzieren. Allemal besser als so eine versiffte Puppenstube im Gallus. Ciao, ihr Loser. Und schon sind sie weg.
Wichser.
Ich sage dem Mitch, dass er sich anziehen soll. Die Dana wartet.
Der Franz fragt, warum sie nicht hochkommt.
Glaubt wohl, sie ist was Besseres.
Wenn der Franz das sagt, nervt es mich. Er lässt sich Zeit, muss Zähne putzen, ein sauberes T-Shirt suchen.
Fast eine ganze Stunde muss die Dana auf uns warten.
Warum guckst du so genervt? Hat der Chrissie dich schlecht gefickt?, sagt der Franz zur Begrüßung.
Der Mitch macht Stöhngeräusche. Die Dana guckt mich an, will was sagen, sagt es aber nicht, dreht sich um und spuckt dem Franz ins Gesicht. Ganz verdattert ist der Franz, der Mitch kriegt einen Lachanfall.
Fahr los.

DREI

Die *Micky Maus* verloste früher wöchentlich zwei Reisen für vier Personen nach Disneyland. 150 Hefte hatte der Franz sich vom Kommunionsgeld gekauft. Er wollte uns überraschen, uns einladen nach Amerika, nach Hause, wo aus uns vier ganze Amerikaner werden sollten. Er war sich so sicher gewesen, dass er gewinnen würde, und hat sich dann für Stunden mit den ganzen Nieten im Bad eingeschlossen. Als man den Franz nicht mehr schluchzen hörte, hat sein Stiefvater mit der Axt die Tür eingeschlagen. Dann haben sie ihn in die Klinik gebracht.

Zwei Wochen später war der Franz wieder zu Hause. In seinem Zimmer wartete ein niedlicher Rottweilerwelpe mit Schleife um den Hals. Der Hund sollte sein neuer, bester Freund werden, ein kleiner deutscher Bruder. Das hatten sich seine Eltern so ausgedacht. Der Franz aber konnte den Hund nicht leiden und weigerte sich, Verantwortung für ihn zu übernehmen. Das hatte der Arzt aber seinen Eltern gesagt: dass der Franz lernen müsse, Liebe zu geben, Verantwortung zu übernehmen, dass er lernen müsse, sein Leben in die Hand zu nehmen, statt anderen die Schuld für ein Unglück zu geben, das hauptsächlich in seiner Fantasie existiere. Vier Wochen lang hatte der Arzt vom Franz nur Anschuldigungen und Bosheiten gegen Mutter, Stiefvater und alle Deutschen gehört. Das sei ungewöhnlich für einen Neunjährigen, aber das ließe sich gewiss noch richten. Der Franz hätte doch alles, was ein Kind zum Glücklichsein braucht.

Die Mutter gab dem Hund einen Namen, gab ihm Fressen, ging Gassi. Der Stiefvater baute einen Zwinger. Er war ein geduldiger, lieber Mann, aber diese geduldige Liebe hat den Franz nicht interessiert. Als er einmal am Vatertag die Stars and Stripes im

Kleingarten des Stiefvaters gehisst hat, hat der sich in die Laube gesetzt und geheult wie ein Baby. Ich kann nicht mehr, hat er immer wieder gesagt. Der Franz hat ihn ausgelacht und seine Mutter hat ihm eine gewischt, ihm gesagt, seine Amischeiße könne er sich an den Hut stecken.
Unsere Mütter nennen das so, die Amischeiße. Als hätten sie überhaupt nichts damit zu tun.

Wir standen in der Raucherecke der Gesamtschule, als die Germans kamen und uns den Franz wegnahmen. Umgedrehte Baseballmützen, weite Hosen, stellten sie sich vor uns auf. Sie waren zu acht, trugen alle das gleiche T-Shirt, auf der Brust ein Schriftzug: WRC – Weilberg Rap Crew. Sie standen da und guckten finster. Körperhaltung und Mimik aus dem Musikfernsehen abgeguckt, vorm Spiegel einstudiert. Ein kleiner Dicker mit Aknegesicht drängelte aus der zweiten Reihe nach vorne in Richtung Franz. In seine rechte Augenbraue hatte er ein Muster rasiert. Er hielt dem Franz die Hand hin.
Yo Nigger, was geht? Schlag ein!
Nigger?
Rassist, zischte die Dana.
Ist'n Kompliment, Bruder.
Es hat dem Franz gefallen, dass ihm jemand wegen seiner Hautfarbe Komplimente machte. Das war neu. Die Hand des Rappers war noch oben, und der Franz schlug ein.
Am nächsten Tag kamen sie wieder, drückten ihm Kassetten in die Hand und luden ihn zu einer Party ein.
Kann ich meine Freunde mitbringen?
Man beäugte uns.
Muss nicht sein.
Arschlöcher, sagte die Dana, als sie wieder weg waren.
Der Franz steckte die Kassetten in den Rucksack.
Ich finde, die sind in Ordnung.

Mit Goldketten, Camouflagehosen, Basketballschuhen und WRC-Shirt stolzierte der Franz von nun an wippenden Schrittes durch Weilberg. Ein echter Halb-Afroamerikaner, der weiß, wo es lang geht.

Die neue Popularität vom Franz entging auch seinen Eltern nicht. In ihren Augen entwickelte ihr Sorgenkind eine Freude am Leben, die es unbedingt galt, aufrechtzuerhalten. Koste es, was es wolle. Die Mutter fuhr mit ihm nach Frankfurt, kaufte ihm Klamotten und alle Maxisingles, die er wollte. Der Stiefvater machte Überstunden, gab seinen Partyraum auf und baute dem Franz eine Einliegerwohnung ins Kellergeschoss.

Zweiundvierzig Quadratmeter Wohnfläche, mit eigener Eingangstür und eigener Klingel. Perfekt für einen Kleinstadtdealer, wie der Franz es werden sollte.

Warum ist das so mit dir und mir?, hatte die Dana gefragt, als der Mitch und der Franz in der Tankstelle waren, um Whiskey-Cola in Dosen zu kaufen.

Weiß nicht, habe ich gesagt.

Weiß nicht, weiß nicht, hat die Dana mich nachgeäfft, der Franz und der Mitch kamen zurück und nicht mal zwei Minuten später passierte es. Der Hund kam von rechts aus einer Seitenstraße, ich versuchte auszuweichen, das Auto geriet ins Schleudern, kollidierte leicht mit einem 5er BMW und landete auf einer Verkehrsinsel. Dann ein lauter Knall. Der Lieferwagen einer türkischen Bäckerei war uns ausgewichen und gegen eine Parkuhr gekracht. Die Dana saß auf dem Beifahrersitz und ich sah, wie sich ihre Lippen bewegten. Ich hörte nichts. Aus den Augenwinkeln sah ich den leblosen Körper des Hundes, halb verdeckt von einem Blech mit Baklava, neben ihm ein Fahrrad, ein Mann. Die Dana schüttelte mich und sagte irgendwas, und ganz langsam schnallte ich mich ab, öffnete die Tür und stieg aus. Aus einem Imbiss kamen Männer gerannt. Sie wollten helfen.

Meine Knie zitterten. Ich lehnte mich ans Auto und schloss die Augen.

Es war der Mitch, der als erster nach Frankfurt gefahren war, um Gras zu besorgen. Der Franz hatte ihn darum gebeten, und damals tat der Mitch noch alles, worum der Franz ihn bat. Die Vormachtstellung vom Franz in der Weilberg Rap Crew war nicht unangefochten, und um seine Position zu stärken, hatte er beschlossen, mit dem Dealen anzufangen. Aber wie er das bewerkstelligen sollte, wusste der Franz nicht, und so kam es, dass der Mitch fast eine Stunde lang mit Sonnenbrille und tief ins Gesicht gezogenem Basecap nervös durchs Frankfurter Bahnhofsviertel geschlichen war, bis ihn endlich jemand anquatschte, ob er was zu rauchen kaufen wolle. Der Mitch hat dann auf offener Straße drei Hunderter aus der Hosentasche gezogen, damit rumgewedelt, und von dem Dealer eine Backpfeife kassiert.
Verpiss dich.
Am nächsten Tag fuhr der Mitch nochmal nach Frankfurt, ging schnurstracks auf den Typen von gestern zu und sagte:
Ich bin aus Weilberg. Ich will Dealer werden.
Der Typ lachte, packte den Mitch am Kragen und zerrte ihn ins Hinterzimmer eines jugoslawischen Restaurants. Kurze Zeit später ist der Mitch mit fünfzig Gramm Gras im Rucksack wieder in die S-Bahn gestiegen.
Ein Mann namens Drago hatte sich seine Adresse aus dem Schülerausweis abgeschrieben.
Kein Wort. Zu niemand. Sonst bist du dran.
Zwei Tage später war der Franz ein echter Grasdealer mit Couch und Spielkonsole. Alle wollten seine Freunde sein, alle wollten sie sein Gras, wollten sie mit ihm auf dem Sofa sitzen und sich den Blödsinn anhören, den er verzapfte. Sie haben bei ihm geklingelt, und er hat sie alle reingelassen. Dass die da unten kifften, haben die Eltern natürlich mitbekommen. Aber sie haben es

runtergeredet, der Franz würde da unten im Keller mit ganz Weilberg die Friedenspfeife rauchen, sie haben gelacht.

Als ich meine Augen wieder öffne, sind die Bullen da. Sie sperren die Straße ab, befragen Zeugen, fotografieren, man fühlt meinen Puls, dann muss ich pusten. Die Dana steht neben mir und hält meine Hand.
Nullkommanull. Der Bulle ist enttäuscht.
Auf der Straße stehen zwei Typen und schreien sich an, überall Fladenbrote, Börek, Sesamringe. Sie stecken den Hund in einen Müllsack. Der Radfahrer sitzt in eine Decke gehüllt auf der Motorhaube des BMWs und weint. Ein Bulle redet auf ihn ein. Schließlich bläst auch er ins Röhrchen. Zweikommasechs.
Alles seine Schuld.
Stammelnd versuche ich, den Unfallhergang zu schildern. Ich habe Schwierigkeiten, die Dana übernimmt.
Der Bulle wirkt gelangweilt und als die Dana fertig ist, fragt er, ob wir andere Substanzen zu uns genommen hätten?
Der Franz will wissen, was den Bullen das angehe. Der Mitch tritt ihm gegens Schienbein. Zu spät, der Bulle fragt den Franz, ob er was zu verbergen hätte?
Nein.
Durchsuchung. Beine breit, Hände aufs Autodach. Keinen Mucks. Der Bulle findet einen Krümel Shit. Der Franz sieht sich nach Hilfe um, aber der schnauzbärtige Oberbulle, dem der Fund stolz präsentiert wird, sagt, das sei jetzt nicht so wichtig, streichelt dem Franz über den Kopf und lässt den Krümel in seiner Hosentasche verschwinden.
Er gibt jedem von uns eine Visitenkarte. Er sei jederzeit erreichbar, falls wir psychologische Betreuung bräuchten.
Wegen dem Hund, oder was?, die Dana runzelt die Stirn, will ihm die Karte zurückgeben.
Zum Beispiel. Und bei sonstigen Problemen.

Er sieht zum Franz.
Vergessen sie nicht, die Versicherung zu informieren.
Wir dürfen gehen. Ich will nicht ins Wohnheim, wo um diese Uhrzeit die Küche voller Menschen ist und Partys auf dem Flur gefeiert werden. Die Dana nimmt mich in den Arm.
Komm doch mit zu mir, sagt sie.
Der Franz steht etwas abseits, noch ganz blass vor Schreck.
Der Mitch knabbert an den Nägeln.
Ich schüttle den Kopf.
Und du?
Ich komm schon klar.
Die Dana verkneift sich das Beleidigtsein, zieht ihr Fahrrad aus dem Kofferraum und fährt nach Hause.

Ich wache auf, als es draußen wieder hell wird. Der Fernseher läuft noch, der Franz liegt zusammengeknäuelt auf dem Sofa, der Köter frisst die Pizza, die der Mitch uns bestellt und die wir nicht angerührt hatten. Käsefäden haben sich um seine Schnauze gewickelt. Als ich sie wegwische, knurrt er mich an. Ich nehme meine Jacke und verlasse die Wohnung.
Am Hauptbahnhof kaufe ich mir einen Kaffee, schlurfe zur Haltestelle und zehn Minuten später steige ich als einziger Fahrgast in den ersten Bus nach Weilberg. Es ist nicht mal sieben, als ich das Haus meiner Mutter betrete. Mein Blick fällt auf den leeren Schlüsselhaken.
In zehn Tagen kommt sie zurück, in zehn Tagen muss der Schlüssel wieder am Haken hängen, das Auto unversehrt in der Garage stehen. Ich muss mich beeilen, weiß, wo ich suchen muss.
Im Schlafzimmer hat meine Mutter ein kleines Büro, einen Schreibtisch, ein Regal mit Aktenordnern, Computer und Telefon. Der Drehstuhl stammt aus dem Büro des Sparkassendirektors. Es dauert eine Weile, bis ich zwischen verblichenen Tankquittungen und Bußgeldbescheiden die Versicherungspolice finde. Ich wähle

die Nummer für Unfallmeldungen. Warteschleife. Eine Panflötenversion von »Wind of change« haucht mir ins Ohr. Ich gucke mir die Ordner an. Haftpflicht, Steuer, Hausrat, Zeugnisse, Gebrauchsanweisungen, Haus, Garantiescheine, Michaela, Christian. Das Gedudel hört auf und eine Frau mit norddeutschem Akzent fragt mich nach der Versicherungsnummer.

Es dauerte nicht lange und die Weilberg Rap Crew war Geschichte. Wer was auf sich hielt, fuhr jetzt nach Frankfurt in die Technodisco und saß nicht bekifft mit dem Franz vor der Glotze, hörte Hip Hop, spielte Autorennen.
Dem Franz, der ohnehin mit einer gewissen Grundgestörtheit ausgestattet war, tat das viele Kiffen nicht gut. Das war seinen Kunden, die aufgrund ihres sich schnell ändernden Lebensstils vermehrt nach härteren Drogen fragten, inzwischen auch aufgefallen. Immer seltener klingelte es an der Kellertür.
Nichts fürchtete der Franz mehr als den Verlust seines neu gewonnenen sozialen Status, unbedingt wollte er die neuen Bedürfnisse der Kundschaft befriedigen.

Es war der Samstag vor Weihnachten, als das Telefon klingelte und der Mitch sich meldete. Ich wusste, etwas musste passiert sein, schließlich rief der Mitch nie einfach so bei mir an.
Komm mal schnell her. Da ist was mit dem Franz.
Ich lief rüber zum Franz. Der Mitch stand in der Einfahrt vor der Garage, er trug den Bademantel des Stiefvaters, darunter war er nackt. Die Kälte schien ihm gar nichts auszumachen.
Was ist los?
Der Mitch schob das Rolltor der Garage nach oben. Da saß der Franz, neben dem Rasenmäher, ebenfalls nackt und redete mit sich selbst. Er schien mich nicht zu bemerken.
Etwas verworren erzählte der Mitch, wie er mit dem Franz zum Drago gefahren sei, und dass der Drago noch anderes, ganz feines

Zeug anzubieten hätte, dass Drago ihnen Probierpäckchen geschenkt hätte. Die Eltern vom Franz waren für ein verlängertes Wochenende zum Skifahren in der Rhön, und da hatten der Franz und der Mitch alles, was sie von Drago bekommen hatten, ausprobiert.
Ihr Idioten.
Der Mitch grinste.
Ich geh jetzt nach Hause.
Der Franz leckte sich die Hand. Wie ein Kätzchen.
Ich ging ins Haus und rief die Dana an. Fünf Minuten später war sie da. Wir blieben das ganze Wochenende, kümmerten uns um den Franz, sahen mit ihm fern, kochten ihm Kakao und hielten seine Hand. Wir beseitigten das Chaos, das der Mitch und er im Haus hinterlassen hatten, und als der Franz am Sonntagnachmittag endlich eingeschlafen war, zündete die Dana die vierte Kerze des Adventskranzes an und holte Plätzchen aus der Küche.
Sie sagte, dass sie das alles ankotzen würde, dass sie mit der ganzen Amischeiße durch sei. Ich sagte, die Amischeiße bleibt, die kann man nicht wegwischen und ins Klo schmeißen, die geht erst weg, wenn Daddy vor dir steht und »I love you« sagt.
Die Dana biss in einen Lebkuchen.
Sie zuckte mit den Schultern.
Vielleicht.

VIER

In dem Ordner mit meinem Namen befinden sich nach Lebensjahren sortiert meine Kinderzeichnungen. Mutter, Kind, Soldat. Ein eieriger Panzer. Ein brennendes Haus. Ein Bananenhubschrauber, der Bomben wirft, darüber in Krakelschrift »Daddy ist cool«. Eine Buntstiftzeichnung, ein Kind, das auf dem Schoß eines Soldaten sitzt und ein mit gelben Kreisen belegtes Brot in der Hand hält. Christian, neun Jahre. Ob meine Mutter damals dachte, sie würde noch mal andere Kinder haben?
Mit neun habe ich die Dana kennengelernt. Da hat sie mir das Foto gezeigt, wie sie auf dem Schoß ihres Daddys sitzt und einen Erdnussbuttertoast mit Banane isst. Beide lachen. Ich weiß noch, wie ich die Dana um diesen Beweis väterlicher Zuneigung beneidet habe. Mein Magen knurrt. Ich gehe in die Küche. Kühlschrank aus, Vorratsschränke leer. Mist. Danas Daddy hatte sich aus dem Staub gemacht, als sie drei war. Daddy muss nach Hause, nur zwei Wochen, Daddy ist bald wieder da, hat er gesagt und beim Abschied echte Tränen geweint. Wiedergekommen ist er trotzdem nicht. Ich gehe in den Keller zur Kühltruhe. Eingefrorenes Grillfleisch und Würste, für Mutters Geburtstag in drei Wochen, alles Sonderangebote, alles abgelaufen. Ich wühle, suche nach Pizza, Pommes, Rahmspinat. Fehlanzeige.
Das Telefon klingelt, ich mache die Kühltruhe wieder zu. Der Anrufbeantworter geht an. Es ist Evi, die Nachbarin. Sie hat gesehen, wie ich gekommen bin.
Guten Morgen, lieber Christian, flötet sie, ich erwarte dich gebürstet und gestriegelt drüben bei mir zum Frühstück.

Eine halbe Stunde später stehe ich vor ihrer Tür. Sie öffnet im Bademantel, strahlt mich an, schließt mich in die Arme, küsst mich auf den Mund.
Schön dich zu sehen. Mein Christian. Gut siehst du aus.
Auf dem Küchentisch steht ein Korb mit Brötchen und Hörnchen, Rübensirup, Presskopf, Ketchup und Scheiblettenkäse.

Als Kind war ich jeden Sonntag bei der Evi gewesen.
Ich kam wie heute zum Frühstück und meistens blieb ich den ganzen Tag. Außer der Evi gab es damals noch den Erhard, ihren Freund. Während wir frühstückten, lag er im Schlafzimmer und schnarchte. Um elf saß er dann neben mir vor dem Fernseher, schlürfte Kaffee, stank nach Schnaps.
Ich weiß noch, wie die Hände vom Erhard sich angefühlt hatten, denke ich gerade, da fragt mich die Evi, ob ich mich an ihn erinnern könne. Ich sehe sie irritiert an. Der Erhard war doch gerade mal zwei Jahre tot.
Gestern ist sie am Grab gewesen. Sie nimmt einen kleinen Bissen, schluckt runter, ohne zu kauen, sinkt kurz in sich zusammen. Die Hände vom toten Erhard hatten sich angefühlt wie Wachs.

Offiziell wohnte der Erhard nicht bei der Evi, sondern in einem Fachwerkhäuschen in der Weilberger Altstadt. Hier hatte seine Mutter ihn kurz nach Kriegsende zur Welt gebracht. Der Vater vom Erhard war auch Soldat gewesen und ist es auch für immer geblieben. Der Erhardt hatte nie ein anderes Bild von ihm zu Gesicht bekommen als das Foto in Uniform über dem Esszimmertisch. Mit vierzehn, erzählte der Erhard, sei er von zu Hause abgehauen und erst wieder eingezogen, als die Mutter tot und begraben war.
Die Mutter, so der Erhard, war eine Drecksau.
Warum?

War halt so.

Der Erhard hasste die Wohnung. An den Wänden Bilder von weinenden Clowns, chinesische Fächer aus Plastik, überall Figürchen, Porzellanminiaturen, alles war mit einer klebrigen Staubschicht überzogen.

Nichts hatte er verändert, seit der Leichnam der Mutter die Wohnung verlassen hatte.

Schmeiß den ganzen Mist doch weg!

Aber davon wollte der Erhard nichts wissen. Das Häuschen in der Altstadt war die Kirche seines Hasses. Jeden Dienstag und Donnerstag saß der Erhard zwischen all dem schrecklichen Mist und Mief betrunken auf dem Sofa und beschimpfte die tote Mutter. So hatte es mir die Evi erzählt. Sie war sich sicher, dass die Wohnung verflucht sei, der Geist der Mutter tatsächlich dort herumspukte.

Eine Säuferin sei die Mutter gewesen. Über den Alkoholismus vom Erhard, der, wenn die anderen zur Arbeit fuhren, zur Aral spazierte, um den ersten Frühschoppen zu nehmen, sprach die Evi deshalb wie über eine Erbkrankheit, gegen die man halt nichts machen könnte.

Eines Morgens lag der Erhard dann auf dem Bett in seinem alten Kinderzimmer und ist nicht mehr aufgestanden, vom Geist der Mutter innerlich zerfressen, plötzlicher Kindstod mit neunundvierzig.

Die Evi hatte sich um die Wohnung, die Beerdigung, die Schulden gekümmert und als alles erledigt war, fühlte sie sich einfach nur allein.

Ich frage, ob sie gerade jemanden hätte.

Sie schüttelt den Kopf.

Und du?

Ich sage nichts.

Ich habe die Dana und dich gesehen, wie ihr das Auto geholt habt.

Ich spiele mit dem Feuerzeug.
Die Evi seufzt, geht zum Kühlschrank und holt Sekt.
Sag mal, musst du nicht zur Uni?

In euren Zimmern dürft ihr euch kreativ austoben, hatte es in der Benachrichtigung vom Studentenwerk geheißen. Das hatte mich nervös gemacht. Es klang, als ob jemand kommen würde, um mir eine Note auf mein Zimmer zu geben. In den Gemeinschaftsräumen, in denen ich mich meistens aufhielt, war Kreativität zum Glück verboten. Im Wohn- und Essbereich die Sofalandschaft Harlekin, kunterbunt und abwaschbar, ein kleiner Tisch aus Plastik, vier schwarze Stühlchen, alles unverrückbar, festgeschraubt, grüne Wände, Bahnhofsuhr, Billigteppich, es roch nach Krankenhaus. Eine Zwergenküche, viel zu kleines Bad, Neonlicht.
Meine Mitbewohner fühlten sich beleidigt, vermissten die Gemütlichkeit des elterlichen Nestes, die Wärme, die Mama.
Und dafür habe ich Abitur gemacht?
Schon nach wenigen Monaten zogen drei von ihnen wieder aus, gründeten in Altbauten eigene Wohngemeinschaften mit bunten Wänden und Weltkarten über dem Küchentisch, bauten sich ein Kuschelnest. Ich aber bin geblieben, saß auf dem Sofa, auf dem sonst niemand sitzen wollte und sah beim Ein- und Ausziehen zu. Austauschstudenten kamen und gingen. Aus Ghana, aus dem Senegal, aus Spanien, aus der Ukraine. Kaum jemand hielt es länger als acht Wochen aus. Das Wohnheim war mal eine Kaserne. Erst die Nazis, dann die Army. Es spukt im Wohnheim, sagt José aus Barcelona, es spukt, sagt Mali aus dem Senegal, Soldatengeister marschieren durch sein Zimmer, Nacht für Nacht. Ich glaube nicht, dass es spukt. Wo Mali herkommt, ist seit Jahren Krieg, daher kommt die Traumarmee. José ist lieb und fürchtet sich aus Solidarität. Ich habe auch Soldatenträume. Drillsergeant Miller nimmt mich richtig ran, nennt mich ein Muttersöhnchen,

schubst mich in den Dreck. Das Wohnheim ist verhext, sagt der José. Aber damit hat das nichts zu tun.

Wie hältst du das nur aus?, hat die Dana gefragt, als sie zum ersten Mal das bunte Sofa sah.

Gruselig. Wusste gar nicht, dass es sowas gibt.

Es war der erste Tag der Einführungswoche. Wir hatten uns am Morgen zufällig vor dem Uni-Hauptgebäude getroffen. Zur Begrüßung hatte sie mich auf beide Wangen geküsst.

Das macht man so in Frankfurt.

Ach so.

Schon vor zwei Monaten war sie in eine Bornheimer WG gezogen, machte einen auf Großstadt.

Sie schielte auf die Immatrikulationsbescheinigung, die ich immer noch in der Hand hielt.

Amerikanistik. Was Dümmeres ist dir wohl nicht eingefallen?

Die Dana würde Psychologie studieren.

Ist halt nicht jeder so schlau wie du.

Manche Leute tun auch gern, als wären sie dumm.

Sie lud mich ein, mit ihr zum Psycho-Ersti-Treffen zu gehen. Sie nannte den Namen eines Apfelweinlokals in Sachsenhausen.

Heute Abend um sechs. Ich hol dich ab.

Ich war vorher noch nie in so einem Traditionslokal gewesen. Jetzt aber saßen die Dana und ich am Kopf der langen Tafel und mutierten zu auskunftsfreudigen Experten. Ich erklärte den Zugereisten die verschiedenen Bembelgrößen, während die Dana neben mir saß und einer jungen Frau aus Chemnitz von Goethes Leidenschaft für Grüne Soße erzählte. Wir sagten hessische Sprichwörter auf. Hej setze dej, dej immer hej setze. Hobb, Hobb, Hobb, de Schobbe in de Kobb.

Alle lachten. Wir berieten bei der Speisenwahl, erklärten die Begriffe Leiterchen und Handkäs'. Ich lehnte mich zurück und beobachtete, wie Dana sich in Gegenwart der zukünftigen Psychologen in eine andere Dana verwandelte, die auf eine Art und Weise sprach und gestikulierte, die ich an ihr nicht kannte. Ich spürte an diesem Abend eine Nähe zu ihr, die mich mit Stolz erfüllte. Ich gehörte zu den auserwählten lebenslangen Gefährten dieser jungen, klugen Frau, die als einzige am Tisch Rotwein bestellt hatte. Wie peinlich das gewesen wäre, wenn wir jetzt Händchen haltend an dieser langen Tafel sitzen würden. Wie edel unsere Freundschaft dagegen wirkte. Es wurden Schnapsrunden bestellt, ich hielt mir ein Auge zu. Die Frau aus Chemnitz flirtete mit mir. Ich ging allein nach Haus.

Wir haben den ganzen Tag auf Evis Bett gelegen, Sekt getrunken und dabei ferngesehen.
Es ist bereits dunkel, als sie mich zur Tür bringt.
Schlaf gut, mein Christian.
Sie macht mir den Reißverschluss an der Jacke zu.
Alles wird gut.
Ich hatte ihr von dem Unfall erzählt.
Tschüss. Ich geh' noch in den Rennstall.
Mach nicht so lange. Pass auf dich auf, sagt die Evi.
Versprochen.
Die Evi winkt mir hinterher.
Der Rennstall ist die einzige Disco in Weilberg. Mitten in der Altstadt, mitten im ehemaligen Rotlichtviertel.
Vor dem Eingang lungern ein paar Teenager mit Bierdosen, trauen sich nicht rein. Der Rennstall hat einen schlechten Ruf, war früher voller GIs, jedes Wochenende Schlägereien, Militärpolizei, Drogen, Razzia, leichte Mädchen. Alles vorbei.
Hi.
Der Tobi Möller am Einlass.
Servus, drei Mark.
Der Michi vom Free-World-DJ-Team an den Turntables. Von ABBA bis Zappa. Germans im Strobolicht.

An der Theke sitzen Abiturienten und trinken Meterbier. Die Chefin hinter der Theke, müde, alt, frustriert, kann sich kein Personal mehr leisten. Immer nur Arbeit und kein bisschen Spaß. Die Amis sind weg und kommen auch nicht wieder.
Ich hole mir eine Cola, eins fünfzig, und setze mich auf die Bassbox. Die meisten Gäste kenne ich vom Sehen. Einige nicken mir zu, andere ignorieren mich.
Ob ich einfach wieder gehe?
Moin, Christian!
Jemand tippt mir auf die Schulter.
Baumann!
Der Baumann war früher der Nachbar vom Franz gewesen, wohnt seit ein paar Jahren in Hamburg.
Was machst'n du hier?
Die Oma wird morgen siebzig. Pflichttermin.
Baumannscher Familiensinn. Geil, dich zu sehen.
Er ist mit seiner Freundin gekommen, die hat er aus Hamburg, die ist gerade auf dem Klo.
Der Baumann war früher Army-Fan gewesen. Wie kein anderer wusste er Bescheid über Fuhrpark, Waffenarsenal und Struktur der Army. In seinem Zimmer hing neben dem Poster eines Panzers im Sonnenuntergang das Replikat eines Sturmgewehrs, das ihm sein Vater aus amerikanischem Redwood gedrechselt hatte. Wenn die Panzer zum Manöver durch die Stadt rollten, stand der Baumann von oben bis unten in Camouflage gekleidet, das Holzgewehr geschultert an der Hauptstraße und salutierte. Jetzt soll ich mit ihm auf den Parkplatz gehen. Er will mir was zeigen.
Er deutet auf einen schwarzen BMW.
Meiner.
Ich denke an den Unfall.
Wow. Hast du eine Kippe?
Der Baumann raucht nicht mehr.
An der Heckscheibe ein HSV-Aufkleber.

Gehört sich so, wenn man in Hamburg wohnt.
Hoffentlich will er nicht über Fußball reden, aber der Baumann fragt einfach nur:
Wie geht's dir? Erzähl mal.
Ganz gut, Semesterferien.
Und der Franz?
Hat sich gefangen, Abendschule, Freundin. Keine Drogen. Es geht vorwärts.
Ich erfinde für den Franz ein neues Leben. Der Baumann freut sich.
Keine Drogen? Toll.
Die Tür des Rennstalls öffnet sich und eine junge Frau steckt ihren Kopf hinaus, der Baumann ruft.
Abigail!
Er stellt uns vor.
Das ist meine Freundin.
Nice to meet you.
Der Baumann nimmt sie an der Hand.
Abigail aus Kalifornien. In der einen Hand den Autoschlüssel, an der anderen ein California Girl. Ich kann es nicht fassen. Dass er und Abigail bald heiraten wollen und dann gemeinsam in die USA gehen, erzählt der Baumann. Die Hamburger Firma, für die sie beide arbeiten, eröffnet ein Büro in den Staaten. Auf all das Glück wollen sie mit mir anstoßen. Abigail holt eine Flasche Schampus.
Auf euch.
Wir trinken. Abigail und Baumann verziehen das Gesicht. Sie sind Besseres gewohnt.
Komm uns doch mal besuchen, du wolltest doch immer mal nach Amerika.
Hat der Baumann das jetzt wirklich gesagt? Was für eine Frechheit!
Ja, coole Idee. Ich muss mal auf's Klo.

Ich gehe aber nicht aufs Klo, ich gehe einfach, kann und will den Baumann nicht mehr sehen. Ich hau ab.
Du wolltest doch immer mal nach Amerika?!
Leck mich, Baumann. Ich bin weg. Ist mir egal, was ihr über mich denkt, du und deine Abigail.
Ich haue ab und mache Platz für Geschichten, Geschichten über alte Freunde, mit denen man aus gutem Grund, wie mein plötzlicher Abgang beweist, nichts mehr zu tun hat. Die Dana, der Franz, der Mitch, der Christian, denen die Amischeiße zu Kopf gestiegen ist, Weilberger Loser. Nicht gut genug für den Baumann, nicht gut genug für Abigail.
Ich gehe zu ihrem BMW und versuche den linken Außenspiegel abzutreten.
Scheiße!
Nicht mal das kriege ich hin.

Am nächsten Morgen humple ich zum Briefkasten. Vom Unfall hatte ich nicht mal eine Schramme davongetragen, aber beim Versuch, Baumanns Spiegel abzutreten, habe ich mir den Fuß ordentlich verstaucht. Der Fragebogen der Versicherung liegt schon im Briefkasten. Ein Glück. Ich setze mich an den Schreibtisch und mache mich an die Arbeit. Ich bin nicht gern allein im Haus. Wenn ich fertig bin, haue ich gleich wieder ab, zurück nach Frankfurt. Weg aus Weilberg, zurück nach Hause, zurück ins Wohnheim, zurück in die Kaserne.
Überall riecht es nach meiner Mutter. Überall in diesem Haus sitzt die Mama in den Ritzen. Passt auf, ermahnt und liest Gedanken. Die halbherzige Glucke und ihr undankbares Küken, gefangen im Sterbenest des Onkels. Das war einmal. Aus und vorbei.
Ich habe alles für dich aufgegeben, dir alle Liebe gegeben, die ich habe.
Ich weiß nicht, wie oft meine Mutter mir das gesagt hat.

Was war das eigentlich, was sie da aufgegeben hatte? Die gehässige Verwandtschaft? Die Nazi-Eltern?

Ihr und eure Amischeiße! Wieso, weshalb, warum? Schieß den Franz und den Mitch in den Wind, die sind doch geisteskrank.

In alles mischte sie sich ein.

Mach doch mal was mit der Dana alleine, lad sie doch mal ins Kino ein, oder auf ein Eis. Die mag dich. Das sieht man! Das sieht jeder! Alle wissen's schon.

Na und?! Der Franz und der Mitch sind meine Freunde. Wir sind vier halbe Amerikaner. Vier halbe sind zwei ganze, zwei halbe sind nur einer, einer ganz alleine.

Was soll das heißen?

Soll heißen: Wenn ich was mit der Dana hätte, würde das nichts als Einsamkeit erzeugen.

Jetzt aber durchatmen und dann zurück zum Formular. Vorname der Fahrzeughalterin, Nachname der Fahrzeughalterin. Anschrift. Ich weiß alles, wie gut das tut. Auf das Formular gibt's eine Eins mit Sternchen. Jeder bei der Versicherung wird sehen: Das hat ein Akademiker ausgefüllt. Dann gibt der Kugelschreiber plötzlich seinen Geist auf. Ich werde nervös, suche nach Ersatz, öffne die Schublade des Schreibtischs. Was ist das? Eine kleine Geldkassette. Ganz hinten, in der letzten Schubladenecke versteckt sie sich vor Diebeshänden. Ich ziehe sie vor, hebe den Deckel an. Nicht abgeschlossen.

Finger weg!

Ich höre Mutters Stimme. Es läuft mir kalt den Rücken runter.

Was ist nur mit mir los? Ob das die psychischen Probleme sind, die auf einen Unfall folgen können, diese Stimme? Ob ich mal den Schnauzbartbullen anrufe? Wieso höre ich keine Hunde jaulen, wieso höre ich keine Reifen quietschen? Es spukt im Mamanest, der Fuß tut weh. Ich muss mich konzentrieren, will zurück nach Hause. Nur noch ein paar Zeilen. Datum, Ort und Unterschrift. Und fertig. Jetzt zurück zu der Kassette hinten in der Schublade.

Unter etwas Bargeld, Fremdwährung, abgelaufenen Bankkarten und meinem Impfpass finde ich einen verschlossenen Umschlag. Zur Konfirmation, steht darauf geschrieben. Die Handschrift des Großonkels. Das sind die Tickets, schießt es mir durch den Kopf, die Flugtickets. Der Onkel, der gute, beste Großonkel hatte die Tickets schon besorgt gehabt und meine Mutter hat sie mir nicht gegeben. Diese gemeine, dumme Kuh. Leichenschändung. Ich sehe ein Flugzeug, ich sehe zwei leere Sitze. Ich schlage mit der Faust auf den Tisch. Mit vierzehn wird man konfirmiert.
Ich bring dich um, du dumme Sau!
Aber der Mamageist ist abgehauen, zurückgehuscht in den zugehörigen Körper, der schlafend an einem balearischen Hotelpool liegt. Ich will irgendwas kaputt machen, renne in den Keller und ziehe den Stecker der Tiefkühltruhe, was Besseres fällt mir nicht ein. Heulend lehne ich mich gegen den großen weißen Kasten.
Zur Konfirmation. Als der Onkel gestorben war, bin ich nicht mehr zum Konfirmandenunterricht, wozu auch. Ich reiße den Umschlag auf. Ein Sparbuch. Mein Sparbuch. Zur Konfirmation. 25 000 Mark. Ich glaube es nicht. Ich gucke noch mal nach. Es stimmt. Das Geld ist da. Das gibt es wirklich.

FÜNF

In der Moselstraße im Bahnhofsviertel gibt es ein auf Rucksackreisen spezialisiertes Reisebüro für Studenten. Da hat die Dana mich hingeschickt. Ich habe ihr von dem Geld erzählt, habe erzählt, dass ich nach Amerika fliegen will.
Klar mach das, flieg da hin. Aber erzähl dem Franz nichts, hat sie gesagt.
Keine Spur von Neid. Die Dana freut sich für mich.
Der Franz, sagt sie, würde es schaffen, mich solange zu belabern, bis ich ihn mitnehme. Und das wäre ja wohl zum Fenster rausgeworfenes Geld, unnötiger Stress.
Ich an deiner Stelle würde ja nach Asien oder Südamerika. Hält das Geld länger.
Was für eine absurde Idee. Was soll ich da?
Na, Urlaub machen, Welt angucken.
Die Dana rafft nichts oder tut so, als würde sie nichts raffen.
Ach mach doch, was du willst.
Unsere Orga, dein Abenteuer, steht auf dem Schaufenster des Reisebüros. Auf dem Bürgersteig bereitet ein Junkie seine nächste Spritze vor.
Glotz nicht!
Ich betrete den Laden. Sechs Schreibtische. Über jedem hängt ein Schild mit dem Namen eines Kontinents.
Viel Betrieb bei Asien und Südamerika. Dreadlocks, Batik, Jesuslatschen. Die Schreibtische quellen über vor Klimbim; Buddha, gehäkelte Lamas, Shiva, Rumflaschen, Ganesha, Räucherstäbchen. Auch am Europatisch ist jede Menge los. Eifelturm, Big Ben, ein Schild der Deutschen Bahn. Der kleinste Schreibtisch, hinten in der Ecke, ist für Nordamerika. Eine kräftige Frau

Ende zwanzig sitzt dahinter, eingepfercht zwischen einem Surfbrett, dem Pappaufsteller einer riesigen Colaflasche und einem Weißkopfadler aus Plastik, vor ihr ein Kaffeebecher mit Dollarzeichen.
Wie kann ich helfen?
Sie hat ein Namensschild an ihrem Pullover. Ann.
Nach Amerika, so schnell wie's geht.
Wie lange?
Weiß nicht.
Länger als drei Monate?
Hast du schon ein Visum?
Ich bin überfordert, Ann beruhigt mich.
Kein Problem, ich mach dir einen Konsulatstermin aus, gib mal deinen Reisepass. Willst du einen Kaffee?
Ich reiche ihr den Pass.
Muss ich kopieren, gleich wieder da.
Eine Stunde später trinke ich meine dritte Tasse Kaffee, während Ann einen Greyhound-Fahrplan wälzt, der so dick ist wie das Frankfurter Telefonbuch. Auf dem Umschlag das Bild eines glänzenden Busses, der im Sonnenuntergang über die Golden Gate Bridge fährt. Sie stöhnt, zündet sich eine Zigarette an.
Sag mal, hast du keinen Führerschein?
Wieso?
Ann sagt, ich solle auf den Bus scheißen, mir ein Auto kaufen, damit rumfahren, dann wieder verkaufen, so würden das alle machen.
Ich hatte gerade einen Unfall, sage ich.
Na und?! Pass auf, Christoph ...
Christian.
Pass auf, Christian, hier mein Vorschlag. Du fliegst nach Chicago, ist eh am billigsten, dann mit dem Bus nach Columbus, Ohio, das sind gerade mal acht Stunden von Chicago, um die Ecke sozusagen.

In Columbus, Ohio hätte sie einen Cousin, der würde mit gebrauchten Autos dealen, den würde sie anrufen und bitten, mir was zu besorgen. Was Günstiges. Was Gutes. Ich könne ihm vertrauen. Alles easy.
Wieso hast du einen Cousin in Ohio? Bist du Amerikanerin?
Sie beantwortet die Frage nicht.
Denk mal kurz nach, ich hol dir noch einen Kaffee.
Als sie zurückkommt, sagt sie:
Glaub mir, Busfahren ist der letzte Mist. Was ist jetzt?
Ich muss lachen.
Kriegst du von deinem Cousin eine Provision?
Nein.
Anns Miene verfinstert sich.
Ich bin einfach nur nett.
Kurze Eiszeit.
Dann erzähle ich von meinem Vater.

Visum, internationaler Führerschein, Traveller Cheques, Dollarnoten. Ann hat mir eine Liste mitgegeben.
Darum musst du dich kümmern. Du hast eine Woche Zeit.
In drei Tagen kannst du die Tickets abholen.
Ich steige in die Straßenbahn und rechne, in sieben Tagen, sechzehn Stunden und dreizehn Minuten fliege ich nach Amerika. Gleich bin ich im Wohnheim, dann rufe ich die Dana an und erzähle ihr alles. Nein. Ich lade sie heute Abend zum Essen ein, sie darf aussuchen, wohin wir gehen. McDonald's oder Pizza. Ich krame meinen Schlüssel raus. Hoffentlich ist Mali da. Dem will ich auch alles erzählen. Sieben Tage, fünfzehn Stunden und vierzig Minuten. Morgen früh um acht muss ich in der Botschaft sein.
Mali? José?
Niemand da.
Ich gehe in mein Zimmer, trage Dreckwäsche zur Waschmaschine, stopfe alles rein.

Zieh dir was Ordentliches an, wenn du zur Botschaft gehst. Kommt immer gut, hat Ann gesagt.
Der Anrufbeantworter leuchtet. 27 neue Nachrichten. Wiedergabe. Ich schreibe mit: Malis Mutter, Josés Freundin, Malis Bruder, Mali selbst, er ist in Bonn, Bundestag besichtigen. 23 Nachrichten vom Franz.
Panisch, verzweifelt, aggressiv.
Als ich zurückrufe, meldet er sich mit verstellter Stimme.
Was ist los?
Du musst unbedingt herkommen, flüstert der Franz.

Der Franz hat die Fenster mit Tüchern und Stoffen verhangen. Es dauerte eine Weile, bis er mich durch den Türspion identifiziert hat. Er packt mich, zieht mich in die Wohnung. Bestialischer Gestank schlägt mir entgegen, ich renne in die Küche, reiße das Fenster auf und stecke meinen Kopf nach draußen.
Spinnst du?!
Der Franz will das Fenster wieder schließen.
Lass das verdammte Fenster auf, sonst hau ich ab!
Der Franz zögert, späht nach draußen, scannt die Straße, sagt schließlich:
Okay! Zehn Minuten!
Wo ist der Mitch?, frage ich.
Der Franz guckte abwechselnd auf die Straße und auf seine Uhr.
Wo ist der Mitch?
Weg!
Es riecht nach Hundescheiße.
Der Schlüssel zu Mitchs Zimmer steckt. Ich ziehe mein T-Shirt über Nase und Mund und öffne die Tür, ganz langsam, nur einen Spalt. Da liegt der Hund. Er wedelt müde mit dem Schwanz, als er mich sieht. Überall Hundekot und Trockenfutter. Der Franz hatte ihm einen ganzen Sack ins Zimmer gestellt und die Tür abgeschlossen.

Scheiße, Mann, Scheiße, stammelt der Franz mit weinerlicher Stimme. Der Hunde kann sich kaum bewegen. Ich mache die Tür wieder zu. Der Franz fängt an zu heulen.

Eines Tages hatten der Franz und der Mitch in der Wohnheimküche gesessen. Sie hatten eine Flasche Jägermeister dabei. Es gäbe was zu feiern.
Der Mitch hatte einen Job als Gärtner bekommen, bei der Commerzbank. Nächste Woche sollte er anfangen.
Glückwunsch.
Rasenmähen für den Vorstand, das sei gut bezahlt und die Frauen der Banker würden fettes Trinkgeld geben. Ein Nachbar hatte ihm den Job verschafft. Gleich nächsten Monat wollte der Mitch nach Frankfurt ziehen und den Franz wollte er mitnehmen.
Dann sind wir wieder alle zusammen, cool, oder?
Ja, sagte ich leise. Cool.
Der Mitch lieh sich übers Wochenende einen Transporter von der Commerzbank. Ich half beim Umzug, logo. Erst holten wir seine Sachen und dann fuhren wir zum Franz. Der Franz hatte nichts gepackt. Wir brauchten drei Stunden, um seinen überall im Zimmer verstreuten Besitz in Müllsäcke und Kisten zu stecken. Der Franz selber sagte, er hätte Kopfschmerzen und duschte eine Stunde lang. Ich hätte ihm den Hals umdrehen können.
Als wir am gepackten Auto standen und rauchten, kamen die Eltern vom Franz, um sich zu verabschieden. Sie hatten einen Korb mit Essen gepackt. Alles, was der Franz gerne mochte. Die Mutter musste schlucken und sich an ihrem Mann festhalten. In langen Gesprächen hatten die beiden sich gegenseitig versichert, dass der Franz in Frankfurt zurechtkommen würde. Der Franz nahm den Korb und bedankte sich.
Wartet mal, ich hab was vergessen.
Er rannte zurück ins Haus.

Kurze Zeit später kam er mit dem Hund an der Leine zurück.
Er ging an den Eltern vorbei, öffnete die Beifahrertür, bugsierte den Hund in den Fußraum und stieg hinterher.
Was machst du da?, sagte der Stiefvater entgeistert.
Nichts.
Dann hat der Franz dem Mitch gesagt, er solle losfahren. Ich saß in der Mitte, der mächtige Köter kauerte zwischen meinen Beinen und winselte.
Der Franz grinste. Er hat einfach alles mitgenommen, was ihm gehörte.

Schluchzend zeigt mir der Franz einen Brief, den er von den Bullen bekommen hat.
Wegen des Krümel Shits, diese Wichser!
Sie hatten ihn verarscht, Verstoß gegen das Betäubungsmittelgesetz. Der Franz hat Angst, dass die Bullen kommen, dass sie ihn überwachen, die Wohnung stürmen, alles durchsuchen, alles finden. Der Franz heult und schluchzt.
Ihr hasst mich alle.
Ich versuche, ihn zu trösten, helfe ihm, die Hundescheiße wegzumachen, Mitchs Bett neu zu beziehen. Ich gehe los, kaufe Geruchsentferner, Hundeshampoo, Pizza und zwei Bier. Wir machen Musik an und baden den Hund, wir lachen. Ich frage den Franz, wie viel Gras er noch hat. Er kramt einen Beutel aus dem Wäschekorb.
Du rufst jetzt den Drago an, und sagst, er soll das Zeug abholen.
Der Franz ruft an. Der Drago kommt.
Jogginganzug, Glatze, Silberkettchen, dicker Bauch.
Ach Franzi, Franzi unser Sorgenkind.
Er nimmt ihn in den Arm. Das kann der Franz nicht leiden, aber weil es Drago ist, lässt er es zu.
Mach dir keine Sorgen, Franzi, Junge, wir haben's doch immer hingekriegt.

Der Drago hatte noch immer Schuldgefühle wegen der Sache damals mit den Probepäckchen, ist immer froh, wenn sich Gelegenheiten bieten, die Sache wiedergutzumachen. Als der Franz nach Frankfurt zog, hat der Drago ihm in Windeseile einen exklusiven Kundenkreis verschafft.
Nur entspannte Leute, Franzi, alles liebe Leute.
Wenn du Probleme hast, dann rufst du an, ja?
Er küsst ihn auf die Wangen, einmal rechts und einmal links. Das macht man so in Frankfurt. Dann ist der Drago weg. Der Franz und der Hund stehen vor mir.
Bleibst du über Nacht?
Der Köter wedelt mit dem Schwanz.
Vergiss es.

SECHS

Es ist laut, viel lauter als im Film, meine Beine sind zu lang, eiskalte Luft bläst mir in den Nacken, es rumpelt und poltert.
Schlaf einfach, hat der Mitch gesagt.
Wie soll das gehen?
Das Flugzeug hebt ab, es kitzelt im Bauch, Druck auf den Ohren, der Pilot nuschelt eine Durchsage. Er kündigt Turbulenzen an, bittet uns, den ganzen Flug über angeschnallt zu bleiben.
Der Mitch hat mich vor der Arbeit mit dem Commerzbank-Transporter zum Flughafen gebracht. Heimlich. Dem Franz hatte ich bis zum Schluß nichts erzählt, hatte Angst vor seinen enttäuschten Blicken, Wutanfällen, den üblichen Miniaturselbstverstümmelungen.
Christian?
Auf der Ladefläche klapperte der Rasenmäher.
Ja?
Kann ich was erzählen?
Der Mitch erzählte doch nie was.
Also, vor ein paar Wochen ...
Er trat aufs Gas, überholt zwei Laster, schwenkte zurück auf die rechte Spur.
Also, vor ein paar Wochen, da habe ich den Rasen von so einer Vorstandsvilla in Kronberg gemäht. Rautenmuster.
Hä?
Na, wir haben da so einen Katalog mit Mustern und da können sich die Kunden dann aussuchen, welches Muster wir in den Rasen mähen sollen. Kapiert?
Kapiert.

Es war ein sehr heißer Tag gewesen. Der Mitch hatte das Rautenmuster gemäht und war dann von der Herrin des Hauses hereingebeten worden.
Sie hat gefragt, ob ich was trinken will. Und ich habe Ja gesagt.

Es rumpelt. Die Turbulenzen verhindern den Ausbruch erhabener Gefühle: mein erster Flug, mein Aufbruch, mein Ausbruch. Stattdessen Angst. So hatte ich mir das nicht vorgestellt. Ich sehe den Fernsehturm.
Die Stewardessen beginnen schwankend, gequält lächelnd mit der Bewirtung.
Wollen Sie was trinken, Sir?
Sir? Geht es Ihnen nicht gut, Sir?
Ich schüttle den Kopf. Sie wendet sich den Nachbarn zu. Zwei ältere Herren, die sich mir händedrückend mit Vornamen vorgestellt haben.
Winfried.
Holger.
Ich bin der Christian.
Winfried will Sekt, Holger auch. Sie tragen Freizeithemden und Bluejeans. Ich sitze in der Mitte.
Geben Sie dem jungen Mann auch einen.

Die Vorstandsfrau hatte dem Mitch eine Cola mit Eis gebracht und dann hat sie gesagt, der Mitch solle sein verschwitztes T-Shirt ausziehen und eine Dusche nehmen.
So ein krasses Badezimmer hast du noch nicht gesehen. Die Dusche ist so groß wie unsere Wohnung. Ohne Scheiß.
War das jetzt die Geschichte?
Nein.
Der Mitch hat nicht allein geduscht.
Sie heißt Carola.
Du verarschst mich.

Der Mitch kramte in seiner Hosentasche.
Halt mal das Lenkrad.
Er zog ein Foto raus.
Hier, das ist sie.
Ich erschrak. Die Carola sah aus wie meine Mutter.
Hübsch, oder? Letzte Woche waren wir auf Sylt.

Ein letzter Rumpler. Ich mache die Augen zu, gleich bin ich tot.
Dann plötzlich Ruhe. Die Turbulenzen sind vorbei.
Ihr Sekt, Sir.
Neben mir schnallen sich Winfried und Holger schon ab.
Sie beschweren sich.
Die Stewardessen waren auch schon mal hübscher.
Lesbe.
Die Stewardess hat einen Kurzhaarschnitt.
Wollen Sie nebeneinander sitzen?
Ich dachte, wir sind beim Du.
Winfried muss mal. Holger und ich stehen auf. Wir warten im Gang, bis er zurückkommt. Holger nutzt die Gelegenheit, holt Skatblatt und Kniffelbecher aus dem Gepäckfach.
Meine Knie sind noch weich.
Fliegst nicht gerne, stimmt's?
Er greift in die Innentasche seiner Wildlederjacke und holt einen Flachmann raus. Winfried kommt zurück, kriegt den Flachmann in die Hand.
Danke. Hab' auch noch was Feines.
Das Feine, was Winfried hat, sind Bierdosen.
Der Flachmann kreist.
Auf einem Bein kann man nicht stehen.
Sie lachen.
Skat?
Ich kann kein Skat.
Die Jugend, nur noch vorm Computer.

Der Schnaps haut rein.
Hier dein Bier.
Es ist sieben Uhr morgens, was ist hier eigentlich los?
Also Kniffel. Holger legt drei Spalten an. C, H, W.
Winfried klingelt nach der Stewardess.
Drei Sekt. Oder bringen Sie doch gleich die ganze Flasche.
Haha, macht ihr Mund. Vergiss es, sagen ihre Augen.
Der Jüngste fängt an.
Erster Wurf ein Kniffel.
Glück im Spiel, Pech in der Liebe, wo ist denn deine Freundin, Christian?

Der total verknallte Mitch hatte gesagt, dass er die Carola heiraten wolle. So ein Idiot.
Und ihr Mann, der Banker?
Der Mitch zuckte mit den Schultern und sagte, dass er auf Sylt Champagner aus Carolas Bauchnabel getrunken hatte.
Wir haben auch einen Surfkurs gemacht, sagte der Mitch. Surfen ist cool. Die Carola ist cool. Die hat alles bezahlt.
Was sollte ich dazu sagen? Sollte ich dem Mitch erklären, dass die Carola ihn nicht heiraten wird? Dass er aufpassen musste, dass er nicht verletzt wird? Aber was ging mich das eigentlich noch an?

Ich zucke zusammen. Turbulenzen. Bitte schnallen Sie sich an.
Ein Aufschrei. Die Stewardess hat den Sekt verschüttet.
Ihre weiße Bluse ist jetzt durchsichtig. Holger und Winfried gucken interessiert.
Eine Stunde später lassen sich Winfried und Holger zwei Decken bringen. Ich beantworte die wiederholte Frage nach meiner Freundin mit einer Gutenachtgeschichte. Ich besuche eine Brieffreundin, Wyona aus Wyoming. Ich rede von Seelenverwandtschaft, von einer Farm auf der Wyona lebt, die Mutter tot,

der Vater herzensgut. Sie schreibt mir von Cowboys, von Lagerfeuern, Sternenhimmeln, schneebedeckten Gipfeln. Ich spreche von einer Sehnsucht, die nicht mehr auszuhalten ist.

Die Hochzeitsreise wollen die Carola und ich auch nach Amerika machen, hat der vor Liebe blinde und dumme Mitch gesagt. Nicht auszuhalten.

Langsam schließen sich die Augen meiner Sitznachbarn, ein Lächeln auf dem Mund schläft Holger ein, Winfried schnarcht schon leise, sein Kopf auf meiner Schulter, Holgers Hand ist auf meinen Schoß gerutscht.
Ich krame ein Döschen Schnupftabak aus meiner Jacke.
Es fällt mir schwer, Hände und Arme unter der Last der auf mir ruhenden Körperteile zu koordinieren. Es dauert eine Weile, bis es mir gelingt, ein Häufchen auf dem Handrücken zur Nase zu balancieren. Es brennt, ein kurzer heftiger Rausch. Es juckt und kribbelt, brennt und ziept. Ich niese braunen Saft auf Winfrieds gelbes Polohemd. Er zuckt und murmelt Entschuldigung, legt den Kopf zurück auf meine Schulter. Tabaksaft tropft auf meine Lippen, es schüttelt mich, das Flugzeug schaukelt, Kinder weinen, und, obwohl ich es nicht will, greife ich nach Holgers Hand.

SIEBEN

In Chicago hatte Ann mir ein billiges Motel in Flughafennähe gebucht.
Im Taxi auf keinen Fall mit Kreditkarte bezahlen. Never ever!
Die klauen deine Daten, so schnell kannst du gar nicht gucken.
Vierzig Dollar kostet die Fahrt vorbei an Lagerhallen, Tankstellen und Brachflächen. Es regnet. Ich gebe Trinkgeld, zu wenig, mein Gepäck muss ich selber ausladen.
Hallo, ich habe reserviert.
Ohne Gruß, ohne aufzusehen fragt der Mann hinter der Rezeption nach meinem Ausweis.
Im Zimmer hinter ihm sitzt eine Frau mit Glatze vor dem Fernseher. Es laufen Trickfilme. Auf dem Boden liegt ein Junge in Unterhosen, vielleicht acht Jahre alt. Er hat einen Schnuller im Mund. Mein Magen knurrt. Der Hotelangestellte hat Schwierigkeiten, die relevanten Daten auf meinem Reisepass zu finden. Dann, endlich, hört er auf zu tippen, der Nadeldrucker kreischt, das Telefon klingelt. Er hebt ab.
Ja. Freitag. Nein.
Mit einer Hand hält er den Hörer, mit der anderen reißt er das Papier aus dem Drucker, legt es vor mich, deutet mit seinem Finger auf eine Linie, auf der ich unterschreiben soll.
Ja, okay. Nein. Fuck off.
Er legt den Hörer auf, schimpft:
Dummes Arschloch.
Ich warte kurz, bis er wieder still ist, frage nach dem Hotelrestaurant. Er grinst, deutet auf einen Süßigkeitenautomaten und verschwindet im Hinterzimmer.

Das Motel ist riesig, ich muss in den achten Stock. Ich suche nach einem Fahrstuhl, komme am Frühstücksraum vorbei. Hohe Tische, Barhocker. Gerade mal zehn Plätze. Seltsam. Wie soll das gehen? Frühstücken die anderen Gäste im Stehen? Ein Mann im grünen Overall wischt den Boden. Ich öffne die Tür.
Kein Zutritt.
Ich frage, wo ich was zu essen finde.
Drei Blocks Richtung Süden. Hast du ein Auto?
Nein.
Er lacht, schüttelt den Kopf.
Viel Glück.
Auf einem schmalen Grasstreifen laufe ich entlang der Straße. Es hat aufgehört zu regnen, kalter Wind weht unters T-Shirt. Autos hupen.
Verpiss dich von der Straße, Arschloch.
Was ist hier los? Ich dachte, in Amerika sind die Leute so freundlich.
Du wirst gar nicht mehr wegwollen, hatte Ann gesagt.
Ich sehe das leuchtende Zeichen eines Fast-Food-Ladens. Die Rettung. Wenn ich gegessen habe, wird alles besser sein. Noch hundert Meter. Ich bestelle mir mindestens drei Burger. Cheeseburger mit Pommes. Cola. Hot Dog. Bis ich nicht mehr kann. Wie kommt man hier eigentlich über die Straße? Keine Ampel weit und breit. Eine Frau ruft aus einem Auto.
I love you.
Sie wirft mir einen Kuss zu.
I love you, too.
Aber das Auto ist schon weg. Weg aus dem Transitbereich. Weg aus der Unfreundlichkeit. Wieso hat sie mich nicht mitgenommen in das echte, das freundliche Amerika? Endlich eine Lücke im Verkehr, ich renne los. Ich rieche schon das Frittenfett.

Ein Chickenburger, ein Cheeseburger, ein JumboDog, Pommes, Cola, Kaffee.

Ist das alles?

Ich sehe in die ausdruckslosen Augen eines Teenagers in Fast-Food-Uniform. Über seinem Herzen steht sein Name, Mickey. Der Mund steht offen, die Zunge liegt auf der Unterlippe. Er nennt einen Betrag, ich reiche Dollarscheine über den Tresen, in der Küche fängt es an zu brutzeln. Mickey steht und wartet, steckt die Hände in die Hosentaschen, zieht sie wieder raus. Eine kleinwüchsige Frau taucht auf.

Alles in Ordnung, Mickey?

Ja.

Kümmer dich um die Pommes.

O-kay.

Die Frau verschwindet wieder, Mickey schlurft zur Fritteuse, schaufelt Pommes und zapft Cola.

Die Burger rutschen aus der unsichtbaren Küche nach vorne und werden auf mein Tablett gelegt. Mickey geht nach hinten, ich bleibe am Tresen stehen. Er kommt zurück und fragt, worauf ich eigentlich noch warte.

Der Kaffee?

Maschine ist kaputt.

Aber ich habe den Kaffee doch bezahlt.

Er grinst.

Und jetzt?

Die kleine Frau kommt aus dem Hintergrund.

Gibt es ein Problem?

Ich schildere die Lage.

Mickey, hol dem Gentleman eine Tasse von unserem Kaffee! Beeil dich gefälligst.

Mickey stöhnt und macht sich auf den Weg.

Tut mir leid. Er ist neu. Wir haben hinten eine Maschine, für uns Mitarbeiter. Habe gerade welchen gekocht. Ist ohnehin viel besser als der andere.

Danke.

Ich beuge mich runter, um ihr Namensschild zu lesen. Cynthia, Manager.

Danke, Cynthia.

Kein Problem.

Mickey kommt zurück und stellt den Styroporbecher auf das Tablett. Die Chefin stupst ihn in die Seite.

Mickey weiß nicht, was sie von ihm will, sie stupst nochmal etwas fester, dann fällt es ihm wieder ein. Er konzentriert sich und dann sagt er, vielleicht zum ersten Mal in seinem Leben: Enjoy your meal.

Ich nehme mein Tablett in die Hand und blicke mich in dem Laden um. Flughafenpersonal, Reinigungspersonal, alle in Arbeitskleidung oder Uniform, müde Blicke, jeder allein an einem Tisch. Dazwischen eine Familie, Opa, Oma, Vater, Mutter, Kind. Wo kommen die denn her? Sie unterhalten sich lautstark. Ich verstehe kein Wort. Ist das überhaupt Englisch?

Neben ihrem Tisch ein halbes Dutzend Koffer.

Der kleine Junge rangiert Spielzeugautos zwischen Tabletts und Getränkebechern, lässt sie von der Tischkante in die Tiefe stürzen. Über die Gepäckberge fahren sie zurück nach oben, ein Sprung von einer Kofferklippe auf Opas Schulter, über seinen Arm, seine Hand und schon sind sie wieder auf dem Tisch, und alles fängt von vorne an. Hin und wieder hält die Mutter dem Jungen einen Burger vor den Mund, er beißt ab, stößt einen genießerischen Laut aus und widmet sich wieder seinen Autos.

Es klatscht.

Idiot!

Eine Ohrfeige. Eines der Autos hatte einen Unfall mit zwei vollen Colabechern. Dem Vater ist die Hand ausgerutscht und die Mutter schlägt gleich nochmal hinterher. Der Junge heult, die Oma tröstet, Essen futsch, Stimmung im Keller. Jetzt schmiert der Kleine auch noch Ketchup auf sein T-Shirt.

Echte amerikanische Hamburger würden viel besser schmecken als bei McDonald's, hatte die Tamara aus der Parallelklasse erzählt, als sie nach sechs Monaten Schüleraustausch aus Oregon zurückkam. Sie hatte sich auf die Hüften geklatscht und gelacht, als wären die sechs extra Kilo Fett, die sie über den Atlantik getragen hatte, eine Art amerikanische Jagdtrophäe, mit der man angeben konnte.

Alle haben sie ausgelacht. Die Tamara hatte in Oregon ein richtig amerikanisches Leben geführt, aber in der Schule wollte niemand was davon wissen. Sie heulte. Einfach nur zurück wollte sie, aber keiner ihrer amerikanischen Freunde reagierte auf ihre Briefe. Niemand rief an. Die Tamara fühlte sich allein und fremd. In ihrer Verzweiflung schmiss sie sich an die Dana ran.

Dir geht's doch auch wie mir.

Wie meinst du das?

Du gehörst doch auch nicht hier her, du gehörst nach Amerika, genau wie ich.

Im Vertrauen erzählte sie der Halbamerikanerin Dana, dass sie in der Kirche immer heimlich Whiskey getrunken hätten und dass sie mit ihrem hessischen Schlappmaul so ziemlich jeden Jungen an der High-School geküsst hatte. Bald wusste es die ganze Schule.

Die Witzel ist eine Nutte.

Daraufhin hat sie auf keusche Christin gemacht, sich taufen lassen und in der jungen Gemeinde Anschluss gefunden. Zu ihrer Ehrenrettung trug das nicht viel bei.

Die Witzel ist eine Christennutte.

Bei Gemeindefesten verkaufte sie Hot Dogs für einen guten Zweck.

In Amerika haben die besser geschmeckt, hat sich die Tamara bei jeder Wurst, die sie ins Brötchen stopfte, entschuldigt. In Amerika hat alles besser geschmeckt.

Die Familie verlässt schlecht gelaunt den Laden. Der Junge lässt den Kopf hängen. Der Vater flucht noch immer. Mit Müllsack, Wischmopp und Eimer rückt Mickey an, um die Sauerei, die sie hinterlassen haben, zu beseitigen. Im Fernseher über seinem Kopf sieht man einen Journalisten vor einer Polizeiabsperrung, Blaulichter, Krankenwagen. Der Ton ist aus. Texteinblendung. Fünf Tote bei einer Schießerei. Das Bild eines jungen Mannes wird eingeblendet. Eine Waffe. Werbung.

Dass die Tamara sich ausgerechnet an die Dana gewandt, ihr vertraut hatte, war ein Fehler gewesen. Die Dana hatte nicht vergessen, wie die Tamara ihr in der fünften Klasse zusammen mit vier anderen auf dem Heimweg aufgelauert hatte. Bewaffnet mit Zirkel und Bastelscheren hatten die drei Mädchen und zwei Jungen die Dana umstellt und bedroht.
Na los, du Ami-Futt! Schwätz ma' was uff Englisch.
Die Tamara kniff ihr in die Brüste und zog ihr an den Haaren.
T-Shirt her!
Die Dana trug ein rotes T-Shirt mit Cola-Logo, um das sie die ganze Schule beneidete. Ein Geschenk von Daddy, gleichzeitig das letzte Lebenszeichen, das er per Post nach Weilberg geschickt haben sollte. Die Tamara machte sich daran, es ihr vom Leib zu reißen. Die Dana fackelte nicht lange, schlug um sich und schrie so laut sie konnte:
Fuck you! Fuck you! Fuck you!
Das hatte sie von ihrer Mutter beigebracht bekommen, als Geheimwaffe für den Notfall. Laut schreien. Irgendetwas Krasses. Der Notfall war eingetreten.
Ein Anwohner, der sich von dem Geschrei in seiner Mittagsruhe gestört fühlte, öffnete ein Fenster, drohte mit der Polizei. Mit so viel Gegenwehr und lautstarkem Protest hatten auch die Tamara und ihre Freunde nicht gerechnet. Die Bastelscheren in den Hän-

den rannten sie davon. Die vor Wut heulende Dana ließen sie einfach stehen.

Danas Notfallworte aber verbreiteten sich wie ein Lauffeuer in der ganzen Schule. Auf den Fluren, fuck you, auf dem Schulhof, fuck you, fuck you, fuck you!

Lehrerkonferenz. Verrohung von Tonfall und Umgangsformen nach amerikanischem Vorbild. Wie geht man damit um? Was lässt sich dagegen unternehmen?

Man muss ein Exempel statuieren, einer der Fuck-you-Sager muss über die Klinge springen. Das wird helfen.

Und so wurde der schon mehrfach auffällig gewordene Schüler Markus Lang der Schule verwiesen, als er Danas Geheimwaffe gegen seinen Chemielehrer richtete.

Die Werbepause ist vorbei. Bilder von Leichen. Blutlachen.
Mickey, Kundschaft.

Mickey unterbricht die Reinigungsarbeiten, streift seine Hände an der Hose ab, begibt sich zum Tresen, flucht leise vor sich hin. Als er wiederkommt, hat seine Miene sich verfinstert. Ungelenk hantiert er mit den Reinigungsgeräten, flucht immer lauter, er besudelt sich, gleich dreht er durch.

Die am unteren Bildrand eingeblendeten Nachrichten verraten, dass alle fünf Angestellten einer Speditionsfirma von dem jungen Mann erschossen worden waren. Kurz nach dem Blutbad wurde der Täter in einer benachbarten Pizzeria festgenommen. Bevor er sich auf den Weg in die Spedition machte, hatte er dort telefonisch für seinen Vater und sich Essen bestellt. Er wollte gerade bezahlen, als zwanzig Polizisten den Laden stürmten.

Als der Markus Lang bei der Weihnachtsfeier des Schützenvereins in der Pizzeria Vesuvio vom amtierenden Schützenkönig Bernd Waldschmidt als Versager ohne Schulabschluss bezeichnet wurde, beschloss der Lang, den Waldschmidt zu bestrafen.

Aus seiner Schulverweisgeschichte hatte er schließlich gelernt, dass öffentliche Beleidigungen Konsequenzen nach sich ziehen. In Begleitung eines Freundes hatte er bei den Waldschmidts geklingelt und kaum waren die beiden in der Wohnstube, zog der Lang eine Pistole und schoss dem Familienoberhaupt der Waldschmidts in den Kopf. Die Frau und der Sohn hatten alles gesehen, und deswegen hat der Lang die dann auch noch erschießen müssen. Der Lang und sein Kumpel nahmen vier Flaschen Schnaps aus der Hausbar und rannten nach Hause.
Zwei Stunden später klingelten die Bullen bei den inzwischen sturzbetrunkenen Tätern. Die Nachbarn hatten die Schüsse gehört und die unmaskierten Täter beim Verlassen des Hauses identifiziert. Der Sohn vom Waldschmidt, den der Lang erwischt hatte, als er versuchte, aus dem Badezimmerfenster zu fliehen, war einer der fünf Schüler gewesen, die damals gemeinsam mit der Tamara die Dana umstellt und sie eine Ami-Futt genannt hatten. Die ganze Geschichte, die letzten Endes zur Auslöschung der Waldschmidts führte, hatte der Sohn der Familie also selbst mit in Gang gesetzt. Zu behaupten aber, die Dana und ihr Fuck you! seien schuld am Tod dieser Menschen, würde zu weit gehen.

Draußen wird es langsam dunkel. Ich stelle mein Tablett in den Geschirrwagen, gehe Richtung Ausgang, vorbei am Tresen, wo Mickey gerade von Cynthia zur Schnecke gemacht wird. Seine Augen sind eiskalt.

ACHT

Die Nacht war schrecklich. Geräusche auf dem Gang, das Motel ein Unruheort, eine Erweiterung von Abflug- und Ankunftshalle, Gäste kommen, Gäste gehen, Transitbereich, Fernseher, Duschen, Kinderweinen. All night long. Ich weiß nicht, ob ich überhaupt geschlafen habe. Auf dem Weg zur Rezeption komme ich an dem winzigen Frühstücksraum vorbei. Eine Schlange bis zum Fahrstuhl. Zwei Sicherheitsleute, damit die Gäste sich benehmen, der Boden voller Müll, Aggression und Zeitdruck liegen in der Luft, es riecht nach verbranntem Toast. Ohne mich. Ich gehe weiter Richtung Rezeption. Der gleiche Mann am Tresen, hinter ihm die gleiche Frau, das gleiche Kind, der gleiche Fernseher. Die Zeit steht still.
Ich gebe meinen Schlüssel ab.
Wie komme ich weg von hier?
Eine Fahrt im Minibus ist im Zimmerpreis enthalten.
Aha, und wohin fährt dieser Minibus?
O'Hare, wohin sonst?!
Zurück zum Flughafen. Und dann? Zurück nach Hause?
Nein, am Flughafen ist eine Bahnstation. Der Zug, in den du steigst, bringt dich, wohin du willst.
Wohin ich will?
Genau.
Der Minibus braucht halb so lange wie das Taxi gestern. Ich frage den Fahrer, woran das liegt.
Ganz einfach, du wurdest abgezogen, verarscht, whatever.
Wie viel hast du gezahlt?
Vierzig.
Er lacht.

Verbrecher.
Er entschuldigt sich für seinen Landsmann. Es regnet. Er entschuldigt sich für das Wetter. Ein Schlagloch. Er entschuldigt sich für die Straße.
So, da sind wir. Alle aussteigen.
Ich gebe zehn Dollar Trinkgeld.
Er steckt den Schein schnell ein, bevor ich es mir anders überlege.
Danke, Sir.
Zehn Dollar und schon bin ich Sir. Der Minibus verschwindet, muss zurück zum Hotel, die nächsten Gäste warten schon. Ich winke hinterher.
Wo geht's zum Zug?
Ganz einfach: Mit dem Flughafenzug zu Terminal zwei, drei Rolltreppen hoch, mit dem Lift runter, Fahrkarte kaufen, Tagesticket, noch eine Rolltreppe, nach rechts, dann links, Fahrstuhl, nächster Zug in zehn Minuten, einsteigen, Türen schließen. Durch den Tunnel, raus ins Licht.

Jetzt geht es los. Die Vororte. Häuser aus Holz, gelbes Gras, keine Bürgersteige, Autowracks, wilde Deponien, Plastikrutsche, Plastikschaukel, Plastikbaumhaus. Ich halt's nicht aus, jetzt geht es wirklich los.
Neben mir eine Stewardess, steht auf, steigt aus. Ein eigenes Haus in Flughafennähe. Vier zitternde Wände. Wird eine neue Startbahn gebraucht, ist das Haus weg. Enteignet, obdachlos, Pech gehabt. Arbeiter steigen aus. Arbeiter steigen ein. Sind das noch Vororte, ist das schon Stadt?
Jetzt geht es los. Wohin mit der Aufregung? Ein ganzer Tag in Chicago liegt vor mir. Der Bus fährt erst um elf Uhr abends.
Pass auf deine Sachen auf, pass auf dich auf, hat Ann gesagt.
Die Bahn wird immer voller. So viele Menschen. Echte Amerikaner in Amerika. Nett und rücksichtsvoll. Nicht wie die breit-

schultrigen Soldaten, die in hessischen Überlandbussen wie Fremdkörper, laut und ungehobelt, andere Passagiere einschüchterten. Nein, ganz normale Menschen, keiner gleicht dem anderen. In Frankfurt würde ich denken: Asiaten, Türken, Deutsche, Afrikaner. In Chicago denke ich: alles Amerikaner. Ist das schon Chicago? Ist das schon die Stadt?
Niemandem in die Augen sehen, sonst glaubt man, du suchst Ärger. Ann hatte mir eine Statistik gezeigt. Morde auf offener Straße.
Im Jahr?
Im Monat.
Huch.
Niemandem in die Augen sehen, wie soll das gehen? Ich muss und will den Amerikanern in die Augen sehen. Da hinten vor der Tür steht eine Gruppe junger Menschen. Bestimmt Studenten. Nett sehen die aus. Mit denen steige ich aus. Wo die hin wollen, will auch ich hin. Das könnten meine Freunde sein.
Trau niemandem in Chicago.
So ein Quatsch.
Nächster Halt Chicago.
Was, wir sind schon da? Nein, nur eine Haltestelle.
In Chicago gibt es eine Haltestelle, die heißt Chicago. Das werde ich gleich nachher auf eine Postkarte schreiben. Der Großonkel hat auch die Postkarten immer am ersten Reisetag geschrieben. Sonst vergisst man's eh.
Ich schreibe eine an den Franz. Das ist wichtig, damit er mich nicht hasst.
Jetzt geht es los. Die jungen Menschen steigen aus. Schnell, der Rucksack. Hinterher. Chicago. Nur eine Haltestelle. Hier fing alles an, von hier aus ist die Stadt gewachsen. Erst Handelsposten, dann ein Dorf, dann eine Großstadt, alles rasend schnell. Der historische Ortskern. Von hier aus erkunde ich Amerika. Wo ist die alte Stadtmauer, wo ist die Burg? Ich muss die jungen Leute vor mir fragen. Wo geht's zur Altstadt?

Sie gehen die Treppe runter, reden, lachen, ich laufe hinterher, lache innerlich schon mit. Sie verlassen die Station. Wo ihr hingeht, will auch ich sein. Ein Tag in Chicago. Wieso sich erschießen lassen? Wieso nicht einfach Freunde finden?
Du wirst Freunde finden, überall wohin du kommst, hat Ann gesagt. Ganz nah bin ich an ihnen dran. Vielleicht zu nah? Schon dreht sich einer von ihnen um.
Jetzt kommt's drauf an. Ich versuche einen Hundeblick. Wenn er gelingt, fragt der junge Mann bestimmt, ob er mir helfen kann. Nächstenliebe, Fremdenliebe, ein amerikanisches Gesetz. Aber in den Hundeblick rutscht aus Versehen ein kleines bisschen Jagdinstinkt. Der junge Mann erschrickt und treibt die Freunde an. Schneller, schneller, ein Verrückter.
Der nächste Kopf dreht sich in meine Richtung. Ich grinse, aber das macht es auch nicht besser. Ich trage noch die Spuren des Transitbereichs: Unrasiert, Augenringe, Zahnbelag und Mundgeruch. Sie werden schneller. Sie laufen vor mir weg. Warum? Was habe ich getan? Auch sie kennen die Mordstatistik. Immer wieder drehen sie den Kopf nach hinten. Was soll ich machen? Auch schneller werden? Rufen? Entschuldigen Sie, ich suche die alte Stadtmauer. Keine Angst, Freunde, ich bin halber Amerikaner. Nein. Das werde ich niemandem hier erzählen. Alles Mögliche werde ich erzählen, nur das nicht. Sie werden immer schneller. Ich bleibe stehen. Einer von ihnen dreht sich nochmal um und zeigt mir den Mittelfinger. Ich bleibe stehen. Hier und jetzt fängt etwas an.

Wie macht man das? Wie fängt man an? Vielleicht da drüben, im Donut Shop. Amerikanische Diät, Veränderung von innen heraus? Hier an dieser Stelle standen die ersten Siedler und beschlossen anzufangen, beschlossen zu bleiben. Kann man anfangen, ohne die Absicht zu verweilen? Ist ein Anfang eine Art Vertrag, den man mit einem Ort schließt? Ich habe das Ticket für den

Bus schon in der Tasche. In zehn Stunden verlasse ich Chicago. Ich verlasse Chicago, bleibe in Amerika, verlasse eine Stadt und bleibe doch am gleichen Ort. Joe Miller war zwei Jahre in Weilberg, war zwei Jahre in Deutschland, war zwei Jahre in Europa. Das alles hat nicht gereicht, um etwas anzufangen. Zwei Jahre in der Puppenhülle, um danach als gleiche Raupe wieder rauszukommen. Zurück in die Nesseln. Eine vierundzwanzig Monate dauernde Unterbrechung des Lebens, in das er sich anschließend wieder zurückgefressen hat. Die Fressrichtung war festgelegt. Durch nichts zu ändern. Nicht durch sexy Michaela, nicht durch Vaterschaft. Nichts als Vorfälle, nichts als Unterbrechungen, zwischen zwei unbeholfenen Bewegungen, raus aus dem Leben und zurück ins Leben. Dazwischen nur Unwirklichkeit. What happens in Weilberg stays in Weilberg.

Idioten, arme Schweine seien unsere Väter gewesen. Die Army hätte sie aus der Gosse gekratzt, eingesackt, hätte ihnen das Blaue vom Himmel versprochen und sie dann wie Scheiße behandelt, hatte der Erhard mal gesagt. Die ganzen Barracks seien ein testosterongeschwängerter Scheißladen voller Arschlöcher und Volldeppen. Dass wir froh sein könnten, dass wir mit denen nichts zu tun hätten.

Wie lange willst du bleiben?, hatte Ann gefragt.

Wie lange muss man bleiben, um nicht schon von Anfang an die Rückkehr im Kopf zu haben? Wer im Kopf die Rückkehr plant, braucht auch gar nicht erst zu fahren.

Die Dana ist nach Bornheim gezogen, um zu bleiben, um anfangen zu können mit dem Leben. Wie war das bei mir?

Ich bin ins Wohnheim gezogen, wegen des Studiums der Amerikanistik, wegen des hackenden Mutterschnabels im Weilberger Nest?

Man könnte sagen, ich bin der Dana hinterher gezogen. Um ihr etwas nachzumachen. Weil ich selber keinen Plan hatte.

Vor dem Eingang zum Busbahnhof zünde ich eine Zigarette an. Es ist neun Uhr Abends, die Flamme des Feuerzeugs ein Licht in dunkler Nacht. Schon kommen sie, aus allen Ecken, kommen angekrabbelt, wollen Kleingeld, wollen Zigaretten.
Hast du eine, Bruder?
Klar.
Und für mich? Und für mich? Und für mich? Danke. Gott segne dich. Buddy.
Schon bin ich eine halbe Schachtel los.
Vielen Dank. Danke, Sir.
Jetzt fragen sie nach mehr.
Cooler Rucksack. Darf ich den mal anfassen? Darf ich den mal aufziehen? Coole Schuhe, kann ich die mal anprobieren?
Sorry, muss aufs Klo.
Nicht mal gelogen, und jetzt nichts wie rein.
Pass auf deine Sachen auf!
Gestalten, wie ich sie aus dem Bahnhofsviertel kenne, huschen durch die Wartehalle, zählen Kleingeld in den Händen, kratzen sich, suchen Blickkontakt. Niemandem in die Augen sehen! Ich versuche es ja. Ich gebe mein Bestes. Polizisten schlendern, Hände an den Knarren. Darf man denen in die Augen sehen? Wo zur Hölle ist das Klo?
Officer!
Was gibt's, mein Sohn?
Ich suche die Toilette.
Er deutet auf eine Tür in der anderen Ecke des Raumes.
Der Lautsprecher: Neun Uhr fünfzig Service nach New York, in fünf Minuten an Tür acht, Fahrkarten bereithalten.
Bewegung in der Halle. Menschen stehen auf, formieren sich zu einer Schlange.
Ich muss durch, Entschuldigung.
Niemand weicht zur Seite. Ich platze gleich. Noch ein paar Meter bis zur Tür.

Entschuldigung. Sorry. Muss kurz durch.
Hand ausstrecken, Tür aufreißen. Was ist das?
Ich stolpere über einen großen Koffer. Er schliddert durch den Raum. Etwas juchzt. Auf dem Koffer liegt ein Baby.
Vorsicht, Arschloch.
Der Vater am Pissoir, zieht die Hose hoch, kommt auf mich zu.
Vorsicht!
Das Baby grinst. Die kleine Rutschpartie hat Spaß gemacht. Der Daddy schiebt mich grob zur Seite, bückt sich über das Kind und wechselt ihm die Windel. Ein kleiner Junge.
Ich gehe in eine der Kabinen, schließe ab, geschafft.
Als ich wieder in die Halle komme, steht der Vater mit Kind und Koffer in der Schlange. Sie fahren nach New York. Das Baby schläft auf seinem Arm und er wiegt es, küsst die Stirn.
Ich soll niemandem in die Augen sehen. Ein Vater und sein Kind.
Die Augen müde, viel zu wenig Schlaf. Wie lange bin ich eigentlich schon wach? Die Reihen haben sich gelichtet.
Ich setze mich auf einen der freigewordenen Plätze.
Den ganzen Tag bin ich herumgelaufen, Anns Stimme im Ohr: Pass auf deine Sachen auf! Den ganzen Tag lang aufpassen macht müde. Auf dem Stuhl neben mir sitzt ein Einbeiniger, langes graues Haar, ein Aufnäher mit einer Friedenstaube. Auf seinem Schoß ein Klemmbrett, in der Hand ein Stift. Er zeichnet die Familie, die uns gegenüber sitzt. Ich sehe ihm dabei zu, er merkt es.
Gefällt's dir?
Er legt den Stift zur Seite.
Ja. Sehr.
Er gibt mir seine Hand und sieht mich an.
Schön, dass du hier bist, Bruder. Schön, dass es dich gibt.
Seine Augen sind hellblau. Etwas Gutes geht von ihm aus.
Er küsst mich auf die Wange und flüstert in mein Ohr.
Hab keine Angst, mein Sohn.

In der Schlange nach New York stehen ein Vater und sein Kind. Sein Mund entfernt sich. Langsam lässt er meine Hand los, nimmt den Stift und zeichnet weiter.
Die sechsköpfige Familie, die Eltern viel zu jung für so viele Kinder, bleiern auf den Stühlen, federleicht auf seinem Blatt. Doch etwas fehlt: Das jüngste Kind. Ein Mädchen, das gerade noch auf dem Schoß der Mutter saß. Wo ist es geblieben? Zu meinen Füßen raschelt es. Da ist sie. Wie ein Hündchen sitzt sie da. Sie hat eine Tüte Chips.
Wie schön, dass du hier bist, kleine Schwester.
Er hebt sie hoch, setzt sie auf meinen Schoß
Kleine Schwester.
Er küsst ihre Lider, sie kichert.
Schön, dass es dich gibt.
Sie füttert mich mit Chips und lehnt sich an mich. Gegenüber sitzt die Mutter, lächelt müde zwischen Koffern, Kisten, Plastiktüten. Ihre Müdigkeit. Ich gähne. Der kleine, warme Kinderkörper drückt mich in den Stuhl. Sie versucht weiter, Chips in meinen Mund zu stecken, aber ich kann ihn nicht mehr öffnen, kann die Augen nicht mehr offenhalten.
Yummie, yummie, sagt die Kleine.

Der Einbeinige weckt mich.
Hey, wach auf. Musst du nicht nach Columbus?
Ich schrecke auf.
Ja. Danke. Danke.
Ich greife nach meinem Rucksack. Gott sei Dank, er ist noch da.
Mein Brustbeutel. Auch noch da. Ein Glück.
Keine Sorge, ich habe gut auf dich aufgepasst.
Ich wische die Chipskrümel von meiner Hose. Das Mädchen und ihre Familie sind verschwunden.
Du musst zu Tür acht.
Vielen Dank.

Er nimmt das Klemmbrett, löst das Blatt aus der Halterung und hält es mir hin.
Für dich.

NEUN

Wir fahren durch die Nacht. Indiana ist ein dunkles schwarzes Loch. Ich halte das Bild in der Hand. Es zeigt mich und das Mädchen. Wir schlafen, ihr Kopf liegt auf Höhe meines Herzens. Neben mir schmatzt es. Obwohl der Bus fast leer ist, hat sich die übergewichtige, rothaarige Frau, die am Stadtrand von Chicago eingestiegen war, neben mich gesetzt. Sie trägt ein viel zu enges Michael-Jackson-T-Shirt und ist auf dem Weg nach Gary, Indiana. Ihre jährliche Pilgerfahrt. Entsetzen darüber, dass ich nicht weiß, dass Michael aus Gary stammt. Grund genug, die Unterhaltung mit mir zu beenden. Jetzt isst sie ihr drittes Thunfisch Sandwich, Half Price, vor einer Woche abgelaufen. Während sie noch an dem letzten Bissen kaut, pustet sie ein rosafarbenes Nackenkissen auf. Sie hat Mühe mit dem Verschluss. Sie flucht, muss nachpusten. Jetzt hat sie es, klemmt das Teil in ihren fetten Nacken. Sie schließt die Augen, das Licht geht an.
Was zur Hölle ...?
Der Busfahrer ermahnt einen Mann, der im Gang auf und ab läuft.
Setzen Sie sich hin, Sir, oder ich halte an, erkläre die Fahrt für beendet und übergebe Sie der Polizei.
Er nennt den Paragraphen, der ihn dazu berechtigt.
Der Mann bleibt einfach stehen. Das Licht geht wieder aus, der Bus fährt weiter. Meine Sitznachbarin ist eingeschlafen. Aus ihrem Mund riecht es nach Katzenfutter. Der gleiche Geruch setzt sich gerade für immer an den Innenwänden ihres Nackenkissens fest.

Es ist sechs Uhr morgens, als wir die Hauptstadt Ohios erreichen. Straßen voller Autos, Bürgersteige leer.

In Columbus gehst du am besten für ein paar Tage ins YMCA.
Ist gleich um die Ecke vom Bus. Da hast du alles, Dusche, Pool,
Frühstück. Total günstig. Schreib's dir auf.
Ich gucke in mein Notizbuch: Auskunft am Busbahnhof, nach
Weg zum YMCA fragen.
Dustin holt dich um vier Uhr nachmittags ab. Warte dann einfach
draußen.
Dustin ist Anns Cousin. Seine Telefonnummer steht auch im
Buch. Die Sonne geht auf, die Läden öffnen. Vor dem YMCA
stehen ein paar Penner, es läuft klassische Musik. Die Eingangstür merkwürdig klein, im Innern dicker Teppich, Schilder,
Polster, Gold und Holz. Der Tresen unbesetzt. Ich tippe vorsichtig auf die kleine Glocke. Ein junger Mann in eng anliegendem
Polohemd und ziemlich kurzen Shorts aus einem glänzenden
Stoff erscheint. Breite Schultern, blonde Haare. Ein Engel. Er
grinst mich an, seine Zähne leuchten.
Mitglied?
Nein.
Wollen Sie Mitglied werden?
Nein, danke.
Er zählt mir die Vorteile auf.
Ich bin sehr müde.
Er sieht auf seine Armbanduhr.
Es ist sieben Uhr, ins Zimmer können Sie erst ab acht. Tut mir
leid.
Ich bin enttäuscht.
Aber wenn Sie wollen ... Duschen, Pool und Sauna sind schon
geöffnet.
Was ist mit Frühstück?
Sorry, aber das ist kein Hotel.
Er schenkt mir ein Fläschchen türkisfarbenes Duschgel, gibt mir
ein Handtuch. Ein Schloss für den Spind brauche ich auch noch,
dafür will er meinen Reisepass als Pfand.

Oh, Deutschland. Willkommen.
Er kann ein paar Worte. Aus dem Fernsehen hat er sie gelernt.
Die Urgroßmutter war auch Deutsche. Er nennt den Namen einer Stadt, ich zucke mit den Schultern. Er ist sich auch nicht sicher.
Links, rechts, Achtung. Er will mir zeigen, wo ich hin muss.
Schnell, schnell.
Ich weiß, was das für Filme sind, aus denen sich sein kleiner Wortschatz speist. Er trabt voran, führt mich durch ein Gewirr aus Fluren, links, rechts, Männer in Bademänteln, Männer in Shorts begegnen uns.
Achtung! Good Morning, Sir. Good Morning, Arthur!
Angriff! Deckung! Good to see you, Bob.
So, da wären wir.
Er öffnet eine Tür.
Die Sammelumkleide.
Die nächste Tür.
Schließfächer.
Da hinten sind die Duschen. Von den Duschen geht's direkt zum Pool. Alles klar?
Ich bedanke mich.
Viel Spaß.
Bevor er um die Ecke biegt, fällt ihm noch was Deutsches ein.
Hey, Buddy.
Ja?
Er zwinkert mit dem rechten Auge, legt eine kurze dramatische Pause ein, formt die Hände zu zwei Pistolen, richtet sie auf mich und sagt:
Fußball.

Auch wenn es mir heute als eine große Ungeheuerlichkeit erscheint, so war ich doch als Kind für einige Jahre Mitglied des Weilberger Fußballvereins. Jeden Dienstag und Freitag ging ich zum Training, im Sommer auf dem Rasen, im Winter auf dem

Ascheplatz. Am Wochenende fuhr ich zu Auswärtsspielen, im Sommer auf Turniere, mit Märkchen für Bratwurst und Limo. Meine Mutter wusch Trikots, über meinem Bett ein Wimpel, den ich zur Kreismeisterschaft bekommen hatte. Beim Fußball war ich ein echter Weilberger Bub. Meine Großmutter fuhr mich mit dem Auto zum Training. Vor Spielen band sie mir die Schuhe und schob mir Traubenzucker unter die Zunge. Der Großvater war im Vereinsvorstand, legendärer Spieler, zum Meistertitel schenkte er mir das Bayern-Trikot, das ich mir gewünscht hatte.
Dann wollte ich nicht mehr und der Opa hat geschimpft. Ich sei der Beste in der Abwehr. Ich würde meine Mannschaft im Stich lassen. Ich würde nur an mich denken. Schämen solle ich mich. Er sei enttäuscht, hätte gedacht, ich sei anders. Der Apfel fällt nicht weit vom Stamm.
Das reicht, Papa.
Sein Kopf war rot.
Auch meine Mutter versuchte mich zu überreden, weiterzumachen.
Überleg's dir doch noch mal. Du hast doch Talent.
Den Vereinseintritt hatten die Großeltern als demütige Bewegung auf sie zu verstanden. Familie und Verein, das war für den Großvater nicht zu trennen. Er erkannte sich in mir, wenn ich auf dem Platz stand.
Meine Gene.
Amerikaner, das weiß jeder, sind zum Fußballspielen gar nicht in der Lage.
Die Nase hast du auch von mir.
Es stimmte, dass ich meinem Vater kein bisschen ähnlich sah.
Der Opa mag mich auch so, sagte ich zu meiner Mutter.
Ich war blind für den Zusammenhang von sportlichem Erfolg und großväterlicher Zuneigung. Ich wollte nicht mehr Fußball spielen, es machte keinen Spaß mehr. Immer häufiger stand ich verträumt auf dem Platz und ließ den Gegner gewähren. Meine

Beine gehorchten mir nicht mehr, ich wurde immer ungeschickter, wie ein Trottel stolperte ich über den Platz. Bei Spielen wurde ich nach zwei verhängnisvollen Eigentoren nicht mehr eingesetzt, und als dann noch der Sendeplatz meiner Lieblingssendung auf die Trainingszeit verlegt wurde, bin ich einfach nicht mehr hingegangen.

Die schönste Erinnerung an diese Zeit hat auch nur indirekt mit Fußball zu tun, mit Familie schon gar nicht. Unsere Trainerin, die Sandra Wieland, hatte die ganze Mannschaft zur Feier ihres zwanzigsten Geburtstags eingeladen. Auf die Einladung hatte die Sandra Würste und Colaflaschen gemalt. Wir sollten Badesachen mitbringen. Kaum hatte ich das Haus betreten, wurde ich dazu aufgefordert, meine Badehose anzuziehen. Sandras Mutter stopfte meine Sachen in einen Beutel, schrieb meinen Namen auf einen Zettel, heftete diesen an den Beutel und hängte ihn an die Garderobe. Aus dem Garten hörte ich es Platschen und Johlen. Ich war aufgeregt, weshalb ich beim Anziehen so herumzappelte, dass Sandras Mutter mir helfen musste.

Halt still. So. Jetzt ab!

Ich rannte in den Garten. Wo ich Rasensprenger und Planschbecken vermutet hatte, war ein großer Swimmingpool mit einer roten Rutsche, genau wie im Weilberger Freibad. Meine Fußballfreunde bereits außer Rand und Band, ich lehnte die Cola ab, die mir jemand in die Hand drücken wollte, nahm Anlauf und sprang ins Wasser. Es fühlte sich tatsächlich wie echtes Schwimmbadwasser an und schmeckte auch so. Es begann einer der schönsten und unwirklichsten Nachmittage meiner Kindheit. Bei den Wielands durften wir einfach alles. Wir durften in jedes Zimmer des Hauses, in jeden Kleiderschrank, in jeden Winkel, auf jeden Baum, der zum Wielandschen Besitz gehörte. Wir heckten Streiche aus, griffen die Erwachsenen mit Wasserpistolen an, lieferten uns Wasserbombenschlachten, aßen Würste, Chips und Kuchen, pissten in den Garten. Ich erinnere mich, beim Versuch,

vom Bodenfenster aus das Dach zu besteigen, um von dort in den Pool zu springen, von sanften Händen zurückgezogen zu werden. Erinnere mich, wie ich mich umdrehe, um irgendetwas anderes zu machen. Wir zogen unsere Badesachen aus und rannten nackt durch Haus und Garten, waren wild und es gab niemanden, der uns bändigen wollte. Wir durften alles. Und dann stand plötzlich meine Mutter vor mir. Eine Stunde zu früh. So passte ihr es besser in den Tag.
Ich brach in Tränen aus. Sie zog mich ins Haus und zischte, ich solle mich gefälligst beruhigen.
Du bist ja nackt. Pfui.
Ich beruhigte mich nicht. In einer Art Kampf zog sie mir T-Shirt und Hose an, während ich vor Wut und Verzweiflung schrie und versuchte, sie zu beißen. Die Sandra kam mit meiner Badehose und sagte lachend, ich solle keine Schwierigkeiten machen.
Wir sehen uns beim Training.
Den ganzen Weg nach Hause heulte ich und trat nach meiner Mutter, versuchte mich loszureißen und zurückzulaufen. Aber die Flucht gelang nicht, und als wir endlich zu Hause ankamen, setzte mich meine erschöpfte Mutter vor den Fernseher und holte das Fieberthermometer.
Kein Fieber, was ist bloß los mit mir?
Sie ließ mich vor der Glotze sitzen, bis ich eingeschlafen war. Ich bin am nächsten Tag zum Haus der Wielands, weil man als Kind nicht weiß, dass die Zeit an den Orten, die man verlässt, einfach weiterläuft, weil das Leben überall und immer einfach weitergeht. Die Frau Wieland hat mich getröstet, als ich vor dem abgedeckten Pool im leeren Garten stand und fragte, wo die Party ist.
Ich fragte nach Cola, ob ich schwimmen dürfe.
Geh nach Hause, Christian.

ZEHN

Es ist kurz nach fünf, als ein verbeultes Auto mit klapperndem Auspuff vor dem YMCA zum Stehen kommt. Ein Typ um die dreißig steigt aus, ölverschmierter Overall, schwarzes Haar mit grauen Strähnen, unrasiert.
Christian? Sorry.
Eine Stunde habe ich auf Dustin gewartet. Er wusste nicht, wie er mich erreichen sollte.
Kein Problem.
Ich reiche ihm die Hand, aber Dustin demonstriert familiäre Verbundenheit, umarmt mich. Ann hat mich als guten, alten Freund angekündigt. Ein alter Freund, der Hilfe braucht.
Steig ein.
Die Beifahrertür klemmt. Dustin kommt und hilft. Ruckeln, Ziehen, Stoßen, und die Tür ist auf.
Rein mit dir.
Aber da ist gar nichts in diesem Auto, auf das ich mich setzen kann. Beifahrersitz und Rückbank fehlen.
Hau dich hinten auf die Decken, Buddy. Mach's dir gemütlich.
Mehrere Zähne fehlen in seinem lachenden Pferdegebiss. Die Decken stinken nach Benzin. Es gibt keinen Gurt zum Anschnallen. Die Mittelkonsole wird von silbernem Klebeband zusammengehalten, der Ganghebel wurde durch ein Stück Treibholz ersetzt, vor dem Tacho ein Kerzenstummel.
Dustin muss einige Male aussteigen und im Motorraum rumfummeln, bevor der Wagen anspringt.
Zum ersten Mal in Columbus?
Zum ersten Mal in den Staaten!
Wow, okay, wie gefällt's dir?

Keine Ahnung, bin gerade erst angekommen, alles aufregend, alles neu. Also, ich meine, ich find's supercool.
Keuchend schleppt sich das Auto eine endlose Straße mit Geschäften und Restaurants entlang.
Das ist die High Street, alles voll mit scheißteuren Restaurants und Kneipen, Yuppieshit. Weißt du was Yuppies sind?
Dustin zündet sich die Zigarette an, die bisher hinter seinem linken Ohr geklemmt hatte, nimmt ein paar Züge, gibt sie an mich weiter. Die Kippe sieht aus, als hätte er sie auf dem Bürgersteig gefunden, der Filter ist klatschnass. Als ich sie wieder nach vorne reiche, nickt er anerkennend.
Jetzt sind wir Spuckbrüder.

Das Auto nimmt an Fahrt auf. Es schaukelt, mir wird übel. Dustin scheißt aufs Tempolimit, der Motor brüllt.
Dustin hupt und ruft etwas aus dem Fenster, das ich nicht verstehe. Hupen und Rufen gelten einem Mädchen auf dem Gehsteig. Sie ist höchstens vierzehn, sie zeigt Dustin den Stinkefinger.
Süß, die Kleine. Dustin kramt im Fußraum. Findet zwischen all den leeren Bierdosen noch eine volle.
Prost.
Ich erzähle Dustin von früher, als es auch in Deutschland Autos ohne Gurt gab, und alle besoffen Auto gefahren sind. Ich gebe mir Mühe, es nostalgisch und nicht kleinkariert klingen zu lassen. Dustin interessiert das alles nicht. Er bittet mich, ihm ein kompliziertes, langes, deutsches Wort beizubringen.
Kein Problem: Bußgeldkatalog.
Er wiederholt das Wort ein paar Mal, bis es richtig sitzt.
Es interessiert ihn nicht, was es bedeutet.
Früher gab es auch keine Kindersitze in Deutschland, fahre ich fort, die Babys saßen einfach auf dem Schoß der Mutter, ohne Gurt. Krass, oder?

Dustin hört nicht zu. Auf seiner Zunge, zum Abschuss bereit, liegt das neue Wort, das ich ihm beigebracht habe, und wartet darauf, unter die Leute gebracht zu werden. Ein alter schwarzer Mann kommt aus einem Laden.
Dustin streckt den Kopf zum Fenster raus und schreit:
Hey! Bußgeldkatalog!
Der Alte zuckt zusammen und Dustin lacht sich tot.
Er streckt die Hand nach hinten.
High Five!
Ich schlage zögernd ein.
Yeah Mann, willkommen in Columbus.
Dustin ruft mir Namen von Stadtteilen und Straßen zu, zeigt auf Restaurants und Bars, an denen wir vorbeifahren.
Lecker. Superlecker. Günstig. Kakerlakenbunker.
Um überhaupt etwas sehen zu können, muss ich meinen Hals recken wie ein kleines Kind. Erinnerungen an Autofahrten am Ende von Kindergeburtstagen, vier Kinder auf der Rückbank, fünf im Kofferraum. Geht nur im Kombi, ausnahmsweise, was soll die Polizei schon sagen, mildernde Umstände. Väter mit Limousinen müssen mehrmals fahren, Pech gehabt. Gerade von der Arbeit gekommen und dann noch Taxi spielen, eine aufgeputschte Meute im Colarausch als Fracht, kreischend, singend, boxend, heulend. Die Väter wortlos, kettenrauchend, Radio hörend. Wenn ich Geburtstag gefeiert habe, mussten die Kinder abgeholt werden.
Ich bin doch nicht bescheuert und gurke deine Freunde durch die Republik.
Aber das machen alle. Man wird heimgebracht, das gehört dazu.
Kannst ja mal deinen Vater fragen.
Meine Mutter konnte richtig fies sein.

Die Gegend verändert sich. Die Fußwege verschwinden, statt Läden und Restaurants heruntergekommene Einfamilienhäuser,

Autos ohne Nummernschild, ungepflegte Gärten voller Müll, zerbrochene Fensterscheiben. Wir biegen ab. Eine achtspurige Straße, es fängt an zu regnen.
Scheiße.
Das Auto hat keine Scheibenwischer. Dustin streckt den Kopf aus dem Fenster, um besser sehen zu können. Ein mexikanischer Supermarkt, ein chinesischer Supermarkt, ein italienischer Supermarkt. Wir fahren vorbei, aus acht Spuren werden sechs, dann vier, dann zwei. Der Regen hört wieder auf, Dustins Haare sind klatschnass, er biegt ab, eine Gegend ohne Menschen, verlassene Häuser, verfallene Barracken. Freiflächen.
Gleich sind wir da.
Das Ende der Welt. Einmal rechts, einmal links und wir bleiben stehen. Dustin bleibt sitzen, ich steige aus. Mir ist schlecht vom Benzingestank. Ich stehe vor einem Bauzaun, dahinter ein riesiges Gelände, Autowracks in meterhohem Gras, zwei tote Bäume, eine Hängematte im Wind. Hinter den Bäumen drei Wohnwagen, zwei Plastikstühle und ein Tisch. Eine Amerikafahne. Endlich macht Dustin den Motor aus, steigt aus und legt seinen Arm um meine Schultern.
Kommen wir zum Geschäftlichen.
Er öffnet drei Vorhängeschlösser, öffnet den Bauzaun so weit, dass wir uns durchzwängen können. Wir folgen einem Trampelpfad in das leere Zentrum des Geländes, passieren Autowracks, Reifenhaufen, Ersatzteilhaufen. Ob mir Dustin aus all dem Rost heute Nacht schnell was zusammenschrauben wird?
Du fragst dich, wo die Autos sind, stimmt's?
Dustin zieht an einer Schnur. Ein Tarnnetz hebt sich und entblößt ein Dutzend blankpolierter Karosserien, in denen sich die Abendsonne spiegelt. Ein Zaubertrick. Vor welchem Publikum verbirgt Dustin seine Autos? Vor Diebesaugen, vor investigativen Polizistenblicken?
Such dir was aus. Kosten alle das Gleiche.

Eine Viertelstunde später bin ich Besitzer eines fahlblauen Toyota Corolla. Mein erstes eigenes Auto. Kurze Probefahrt.
Schnurrt wie ein Kätzchen.
Vierhundert Dollar will Dustin dafür haben, Freundschaftspreis.
Top in Schuss, die Karre. Läuft garantiert noch fünfzigtausend Meilen.
Ich reiche ihm ein Bündel Scheine. Er steckt es in die Hosentasche.
Kaufvertrag?
Dustin schüttelt den Kopf.
Willst du ein Bier?
Gerne.
Wir schlendern in Richtung der drei Wohnwagen.
Büro, Schlafzimmer, Wohnzimmer.
Mein kleines Reich, mein eigener Trailerpark. Ich kann tun und lassen, was ich will.
Wozu brauchst du ein Büro?

Dustin kennt Baujahre und Herkunftsgeschichte der drei mobilen Wohneinheiten und gibt sein Wissen an mich weiter. Der lange silberne Airstream von 1972 ist sein ganzer Stolz. Airstream Tradewind. Soundso viel Inches, soundso viel Foot, Silver Rocket, fünf Vorbesitzer, die alle einen Namen und ein Leben hatten. Sie haben ihre Spuren hinterlassen, wollen jetzt erwähnt werden.
Voller Geschichten sei dieses Vehikel. Jede einzelne davon endet tragisch. Ein Stück Amerika. Erstanschaffung durch ein älteres Ehepaar für Urlaubsfahrten nach Florida. Nächtlicher Hitzetod durch defekte Klimaanlage. Verkauf durch die Erben. Von da an erfuhr der Airstream einen rasanten Abstieg in die Sphäre der prekären Wohnwelten und Notbehausungen. Junkies, Selbstmörder, Hundezüchter haben hier gehaust. Dustin scheint begeistert von der Ahnenreihe. Mich schüttelt es.

Mein Zuhause, sagt Dustin.
Von der Ostküste bis zur Westküste, von Mexiko bis Kanada.
Dustin und sein Airstream. Er tätschelt ihn liebevoll.
Wir gehören zusammen.
Überall in Amerika sei er schon gewesen. Überall.
Ich bin beeindruckt. Sesshaft sei er erst seit Kurzem, das Grundstück habe er geerbt.
Die Stadt wächst, wächst immer weiter, Christian. Irgendwann wird sie hier ankommen und so lange bleib ich hier.
Nur noch ein paar Jahre, schätzt Dustin, muss er warten, bis man ihm mehrere Millionen für das Grundstück bieten wird. Appartementhäuser, Einkaufszentrum, irgendwas werden sie hier bauen wollen. Dann verkauft er und dann können ihn alle am Arsch lecken. Er spuckt auf den Boden.
Cooler Plan.
Dustin öffnet die Tür des Airstreams.
Komm. Sieh es dir an. Ich habe nichts verändert, alles original.
Das hört sich nach konservatorischer Tätigkeit, nach liebevoller Pflege an, gemeint ist aber unkontrollierter Verfall. Im Inneren ist es klebrig, schmuddelig, riecht wie in einem Fuchsbau, wie beim Franz, wie beim Mitch, wie beim Erhard früher.
Hast du einen Hund?
Dustin schiebt mit dem Fuß leere Bierdosen zur Seite, macht den Weg frei.
So weit draußen bringt ein Wachhund doch gar nichts, niemand der das Bellen hört, ein Schuss, den ebenfalls niemand hört und das Vieh ist tot. Rausgeworfenes Geld, rausgeworfenes Futter, rausgeworfene Gefühle.
Er wüsste sich schon zu verteidigen. Er zeigt auf ein Gewehr, das in einer Ecke lehnt.
Setz dich.
Das Sofa, abgewetzter Cordbezug, das Polster quillt aus allen Ritzen. In der linken Ecke ein großer rostbrauner Fleck.

Was ist das?
Dustin geht zum Kühlschrank, holt zwei Dosen Bier, so kalt, dass ich sie kaum halten kann. Ich starre auf den Fleck und denke an den Familienvater, der sich, nachdem er Dustin den Airstream verkauft hatte, von dem Geld eine Pistole besorgt hatte. Ich sehe das Gewehr, wie es bedrohlich in der Ecke lauert, sage leise: Selbstmordflinte.
Dustin macht seine Dose auf, setzt an, trinkt auf ex, rülpst, die leere Bierdose lässt er auf den Boden fallen.
Wenn du willst, kannst du auf dem Sofa pennen.
Ich nehme einen kleinen Schluck.
Nein, danke.
Der Fleck, vielleicht von der fünfköpfigen Junkiehorde, denen der Airstream unterm Arsch weggepfändet wurde? Oder von Dustin selbst, der mir gerade ein bräunliches Getränk in ein Schnapsglas füllt. Etwas Selbstgebranntes von einem Onkel Jeremiah oder Jeremy, der seit zwei Wochen nicht mehr lebt.
Totgesoffen.
Ich habe auch eine Decke, alles da. Komm schon.
Eine Decke, die zum Sofa passt? Original aus dem Besitz der Frau, die in diesem Wagen ihre zwei Kinder verhungern ließ, während sie ihre Pitbulls dick und rund fütterte. Ein Gnadendeckchen für allzu bitterkalte, finstere Winternächte?
Dustin breitet auf dem Couchtisch etwas aus. Eine alte zerfledderte Straßenkarte in fünf Teilen. Mehrfach geklebt, vollgekritzelt. Ann hatte ihn gebeten, mir ein paar Reisetipps zu geben. Wann Ann ihren Cousin wohl das letzte Mal gesehen hatte, in welchem Zustand des Verfalls?
Ich habe nichts verändert, hat Dustin gesagt.
Auch nicht sich selbst? Ich hatte ihn mir anders vorgestellt, als Gebrauchtwagenhändler mit billigem Anzug, aufdringlichem Aftershave, als jemanden, der, Ann zuliebe, mir gegenüber seine schlitzohrige Natur zurückhalten würde. Mit allen Wassern ge-

waschen. Aber dieser Dustin, schon beim dritten Bier, beim dritten Onkel J. Gedächtnisschnaps, ist eher ungewaschen. Der miefige Hauch des Schicksals weht durch den Airstream. Dunkle Holzverkleidungen, gesplittert, aufgeplatzt, der Teppich gräulich, grünlich, funzeliges Licht.
Dustin holt sich noch ein Bier, schwankt zurück und fragt, ob er die Glotze anmachen soll, greift schon zur Fernbedienung.
Ich tippe auf die Karte.
Stimmt, da war noch was.
Also gut. Gekauft habe ich den Airstream ...
Dustins Finger, schwarz vom Schrauben, gelb vom Nikotin, kreist über südlichen Gefilden, landet schließlich unsicher, taumelnd im Mississippi-Delta.
Hier.

Mississippi war der Lieblingsstaat vom Franz.
Er wusste, dass sein Daddy hier geboren wurde. Das reichte ihm an Informationen, den Rest füllte er mit Fantasie. Der Stiefvater hatte ihm *Die Abenteuer des Tom Sawyer* geschenkt. Damit hatte er dem Franz signalisieren wollen, dass er das Interesse seines Stiefsohns an der Herkunft des leiblichen Vaters nachvollziehen konnte und fördern wollte. Das Buch spielte zwar am gleichnamigen Fluss, aber nicht im Staate Mississippi, sondern in Missouri, was für den Franz ein willkommener Anlass war, dem Stiefvater vorzuführen, wie dumm er war, bevor er das Buch vor dessen Augen in die Mülltonne schmiss.
Der Franz hätte das Buch aber so oder so nicht gelesen. Er ging davon aus, dass in seinem Körper eine Vielzahl vererbter Informationen gespeichert war, die ihn zu einem Mississippi-Experten machten. Er musste sich nicht informieren, er musste sich nichts anlesen, er wusste alles schon. Der Franz war in dieser Hinsicht vollkommen belehrungsresistent. Er spürte seinen Vater in sich, stand in direkter Verbindung mit ihm, fühlte, was er

fühlte, dachte, was er dachte und wusste, was er wusste. Daran gab es nichts zu rütteln. Sollte ihm doch jemand das Gegenteil beweisen.
Als in Erdkunde die Südstaaten der USA auf dem Lehrplan standen und die einzelnen dazu zählenden Staaten als Referatsthemen vergeben wurden, schnellte der Finger vom Franz in die Höhe.
Ja, Franz?
Ich ahnte, was passieren würde.
Ich nehme Mississippi.
Super. Gleich nächsten Montag?
Der Franz drehte sich zu mir.
Das wird 'ne glatte Eins.
Am nächsten Montag erzählte der Franz dann sehr selbstbewusst und engagiert, ganz ohne Aufzeichnungen eine volle Schulstunde lang vom Heimatstaat seines Vaters.
Sogar eine Karte des Staates konnte er angeblich detailgetreu aus dem Kopf an die Tafel malen. Alle hingen an seinen Lippen und es gab sogar ein bisschen Applaus, als der Franz fertig war.
Ich schämte mich für ihn. Es läutete.
Die Lehrerin bat den Franz, nach dem Unterricht noch kurz zu bleiben, sie hätte noch ein paar Fragen. Die Erdkundelehrerin war jung und erst seit Kurzem an der Schule. Sie wusste noch nicht, dass der Franz in Situationen wie dieser dazu neigte, außer Kontrolle zu geraten. Ich blieb vor der Tür stehen und lauschte.
Anstatt aber den Franz mit seinen Unzulänglichkeiten zu konfrontieren, versuchte sie behutsam herauszufinden, was da gerade los gewesen war. Im Verlauf des Gesprächs konnte sie gar nicht anders, als dem Franz beizubringen, was der Unterschied zwischen Realität und Fantasie ist. Der Franz hat nach Schulschluss von der Lehrerin noch viel über sich und das Leben im Allgemeinen beigebracht bekommen. Darüber, woher welches Wissen kommt, was man erzählt und was man besser für sich be-

hält. Eine Stunde stand ich vor der Tür und lauschte. Das war gut, tat aber auch weh. Der Franz hat weinen müssen und die Erdkundelehrerin hat ihn getröstet.
Er hat seine Eins bekommen. Schmerzensgeld.

Ich hätte Dustin das alles gerne erzählt, aber ich komme nicht dazu. Der Zeigefinger, nach kurzem Sondereinsatz in Dustins rechtem Nasenloch, zurück im Mississippi-Delta, klopft ungeduldig auf die Karte, bittet um Aufmerksamkeit. Dustin hebt an zu einer großen amerikanischen Erzählung. Dabei sollte er mir doch nur ein paar Tipps geben. Wo ich überhaupt hinwill, scheint ihn jedoch nicht zu interessieren.
Also, ich saß damals abgebrannt und deprimiert in einem Kaff in Kanada. Ich hatte gehört, dass mein Kumpel, oder besser gesagt ehemaliger Kumpel, Jonathan McVaugh in Belle Chasse, Mississippi ein insolventes Bauunternehmen übernommen hatte. Ich rief ihn an und er sagte: Komm runter, ich gebe dir einen Job. Als Fuhrparkmanager.
Das Wort Fuhrparkmanager versieht Dustin mit Anführungszeichen.
Autos waschen, Autos tanken, ab und zu was schrauben. Totlangweilig. Zwölf Stunden am Tag, für einen Hungerlohn. Behandelt hat er mich wie Scheiße. Sechs Monate hab' ich das gemacht, dann habe ich ihm gesagt, er kann mich mal.
Dustin hatte sich die Überstunden ausbezahlen lassen und von dem Geld den Airstream gekauft. Unabhängig habe ihn der Besitz des Wohnwagens gemacht. Die beste Entscheidung seines Lebens.
Dustin kippt noch einen, sein Finger landet wieder auf der Karte und bewegt sich langsam Richtung Norden.
Es folgen weitere Geschichten über weitere Jobs, weitere Chefs, alles Arschlöcher, die dachten, sie könnten ihn für dumm verkaufen. Aber nicht mit Dustin. Sumpfbootfahrer, Sumpfboot-

schrauber, Alligatorenmetzger, Betonbauer, alles schon gemacht. Er zeigt mir seine Hände.
Ein Geschenk Gottes.
Er tippt sich an den Kopf. Dass er auch schlau ist, soll das heißen.
Ein halbes Jahr lang war Dustin mit dem Rummel mitgefahren, hat sich den Airstream betanken lassen, ist mit dem Kirmesvolk von Stadt zu Stadt gezogen, hat Fahrgeschäfte aufgebaut und instand gehalten. Ich denke an das Foto vom Joe auf dem Weilberger Herbstmarkt. Vielleicht hatte meine Mutter mich angelogen, und mein Vater war gar nicht zurück in die Staaten gegangen, war vom Herbstmarkt aus mit den Schaustellern mitgefahren und hat als Chipeinsammler beim Autoskooter gearbeitet. *Junger Mann zum Mitreisen gesucht.* Ein neues Abenteuer nach der Army, der Duft von Freiheit, nach Drill und Pflichterfüllung. *Thank you for your service.* GI Joe sucht sein Glück. So ein Quatsch. Als die Aufnahme vom Joe am Autoskooter entstand, war er achtzehn oder neunzehn. Ich bin inzwischen zweiundzwanzig, anerkannter Kriegsdienstverweigerer, und spätestens seit zwei Jahren habe ich das Gefühl, ihn überlebt zu haben. Ich kann mir seinen Körper, nach dem ich immer eine ganz natürliche, kuschelig-kindliche Sehnsucht hatte, nicht mehr vorstellen, nicht mal unter der Erde.
Dustin redet immer weiter. Ich sehe seinem Finger zu, wie er versucht, sich aus dem Delta herauszuwinden. Dustins Körper verkrampft, seine Stimme schwankt zwischen Tonlagen und Lautstärken. Er erzählt aus einem Leben, in dem Enttäuschung langsam zum Normalzustand wird. Taumelnd und erschöpft kehrt der Finger ein, macht Pause in einem Diner, einem Fast-Food-Laden, einer Pommesbude und immer häufiger in Bars. Dustin würzt sein amerikanisches Elendsroadmovie mit Saufgeschichten und kulinarischen Empfehlungen, die er mir in zittriger Erstklässlerschrift in mein Notizbuch kritzelt.

Danny's Diner, Westham, bester Milchshake. Er will mir erklären, was ein Milchshake ist. Ich weiß es schon.
The Fatman, Cunningham, bester Cheeseburger.
Frag nach Christine.
Er malt ein kleines Herzchen.

Christine.
Der Finger streicht um das Städtchen Cunningham.
Dustin streicht das Herzchen wieder durch.
Christine.
Die Augen werden glasig. Gleich fängt er an zu weinen. Das ertrag ich nicht. Ich muss ihn ablenken. Zu spät, da schluchzt er schon.
Ich bin alleine besser dran.
Ach so, darum geht's, kein Problem, damit kann ich umgehen, kenne ich von zu Hause. Meine Mutter hatte nach meinem Vater nie einen Freund oder eine Affäre. Sie würde so was nicht brauchen, sagte sie und wischte sich die Tränen weg. Ein Mann, neun Wochen lang, das hat für lebenslange Enttäuschung gereicht und den Zugang zum Gesamtkomplex von Liebe und Zärtlichkeit verbaut. Wie dumm.
Dustin hat nach eigener Aussage siebenundzwanzig Mal geliebt und siebenundzwanzig Mal wurde er enttäuscht.
Dustin wischt sich Tränen weg, zieht Rotze hoch und geht nach draußen.
Ich muss mal.
Kann ein Mensch siebenundzwanzig Mal an die große Liebe glauben?
Ich höre Dustins Pisse gegen die Außenwand des Air Streams brettern.

Der Franz beneidete mich um meine nonnenhafte Mutter. Er wünschte, auch seine Mutter hätte sich nach der Affäre mit seinem

Vater aus der sexuell aktiven Welt zurückgezogen. Es kränkte ihn, dass sie seinem Vater nicht hinterhertrauerte. Es kränkte ihn, dass sie, nachdem sie vom sehr wahrscheinlich tollsten Mann der Welt ein Kind empfangen hatte, ein solches Mängelexemplar wie seinen Stiefvater an dessen Stelle gesetzt hatte.

Danas Mutter hingegen hatte, im Hinblick auf andere Männer, von Seiten ihrer Tochter mit keinen Widerständen zu rechnen. Von Anfang an war sie bemüht gewesen, der Dana die Liebe zwischen den Menschen ohne Zuhilfenahme der klassischen Paarbeziehung zu erklären. Anders als Franz' oder meine Mutter hegte sie keinen Groll auf Danas Vater.

Wäre er nicht gegangen, hätte ich Schluss gemacht.

Warum?

Ich mochte ihn, aber wir wollten nicht das Gleiche.

Als zu bieder, zu konservativ hatte sich der GI entpuppt. Er wollte, dass seine Frau zu Hause bleibt und sich um die Familie kümmert, heiraten wollte er, noch viel mehr Kinder wollte er. Aber Danas Mutter, gerade mal siebzehn, erklärte ihm, dass das, was er als selbstverständlich empfand, ganz und gar nicht ihrer Vorstellung entsprach. Dass sie eher daran interessiert sei, es anders zu machen als die vorangegangenen Generationen, dass sie sich ausprobieren wolle, dass sie studieren wolle und und und ...

Danas Daddy war kreidebleich geworden und hatte sie gefragt, ob sie Kommunistin sei.

Kann sein, hatte Danas Mutter geantwortet. Und wenn?

Eine Stunde ist vergangen und Dustins Finger hat sich vom Mississippi-Delta gerade mal fünfhundert Meilen nach Norden bewegt. Dustin, Sklave vergangener Gefühle, hat einen kleinen hellblauen Plastikkoffer hervorgekramt. Darin bewahrt er Erinnerungsstücke auf, Fotos der Liebe. Dustin mit Frauen im Arm. Dick, dünn, sportlich, elegant, mit Buckel, im Rollstuhl, blond,

brünett, schwarzhaarig. Rothaarige kann er nicht leiden. Zu unnatürlich.
Wo waren wir?
Dustin muss sich ein Auge zuhalten. Wo ist Cunningham? Wo versteckt sich auf dieser gottverdammten Karte die Heimat der burgerbratenden Christine, wo in diesem verdammten Köfferchen ist das Foto von Christine? Er sucht und sucht, mal auf der Karte, mal im Köfferchen, der Finger taumelt über die Südstaaten, wühlt im Sumpf der Bilder, ohne Halt, hin und her, und ich halt's nicht mehr aus, kriege schon Sumpffieber. Dustin, zwischen Nostalgie und Selbstmitleid, weint Krokodilstränen, muss auf den Boden der Tatsachen zurück und seinen Gastgeberpflichten nachkommen.
Ich will nicht in die Südstaaten, Dustin. Ich will nach Westen.
Der Finger zuckt zurück, krümmt sich vor Schmerzen.
Nach Westen?
Dustin kann's nicht fassen.
Zu den Mexikanern? Zu den Pottheads? Zu den Hippies?

Nachdem klar war, dass Danas Daddy vor der offenen Beziehungsform, wie sie ihm von Danas Mutter vorgeschlagen worden war, die Flucht ergriffen hatte und nicht mehr wiederkommen würde, ist ihre Mutter mit ihr auf den Aussiedlerhof gezogen.
Der Peter, den sie im Reformhaus kennengelernt hatte, wo sie drei Mal die Woche arbeitete, hatte sie nach Feierabend auf ein Glas Wein eingeladen und gesagt, dass es auf dem Aussiedlerhof zwei schöne große Zimmer gebe und eine Gemeinschaft und ein besseres Leben und eine neue Lebensform und alles Mögliche. Er könne sich sehr gut vorstellen, dass Danas Mutter, die auf ihn sehr aufgeschlossen wirke, gut in die Gruppe von Menschen passe, die dort versuche, ein Ideal zu leben.
Das Gehöft außerhalb der Stadt war vielen Weilbergern ein Dorn im Auge. Fuhren die Panzer ins Manöver, hängte man dort Ban-

ner aus dem Fenster. Yankee go home. Keine Macht für Niemand. Give Peace a Chance.

Eine Schande, fanden die Weilberger, spezialisiert auf das Erzeugen von Missverständnissen, man muss schließlich auch verlieren können. Drunter und drüber würde es auf dem Aussiedlerhof gehen. Eine Kommune, vielleicht auch eine Sekte, Blumenkinder, Bombenleger, Künstler und Haschbrüder, ohne Anstand und Moral, hausten dort zusammen. Im Keller, im Schuppen oder vielleicht im Dachstuhl des Gehöfts am Stadtrand vermutete man flüchtige RAF-Terroristen, wenn nicht Schlimmeres. Alte Männer schlichen abends mit Hund und Weltkriegsknarre in der Tasche um den Hof. Getrieben von der Hoffnung, einen leibhaftigen Terroristen zu erwischen oder wenigstens ein bisschen nacktes Fleisch zu sehen, ein bisschen geiles Stöhnen zu hören. Da macht's jeder mal mit jedem. Männlein wie Weiblein. Gruppensex. Dazwischen eine Menge Kinder, von denen sich der eigene Nachwuchs um Gottes Willen fernzuhalten hat. Parasiten holt man sich nicht freiwillig ins Haus. Danas Mutter, die eigentlich ganz froh war, dass es mit der Kleinfamilie unter soldatischer Führung aus und vorbei war, schreckte das nicht ab. Im Gegenteil.

Okay, ich mach's.

Sie stießen an und tranken Brüderschaft.

Ich bin der Peter.

Ich bin die Susanne.

Beim anschließenden Kuss legte der Peter ihr die Hand auf den Oberschenkel.

Dustins Finger bewegt sich widerwillig, stockend Richtung Westen. Bye bye, Christine.

Westküste. Ha!

In seiner Stimme klingt Verachtung. Rumtreiber, Hobos, Hippies, Tagelöhner, Tunichtgute. Ich werde unsicher, was Dustins

Selbstbild betrifft. Ist er nicht selbst so ein Rumtreiber? Ist das hier nicht der äußerste Rand der Gesellschaft?

Landschaftlich soll es sehr schön sein. Die ganzen Nationalparks und so.

Da leuchtet Dustins Gesicht wieder auf. Ja, stimmt, die Nationalparks, darauf ist er stolz, das kann er auch verstehen, dass ich das sehen will. Die Leute sind der letzte Dreck, aber die Nationalparks sind große Klasse.

In welchen er schon gewesen ist?

Aber da muss Dustin passen. Wozu auch, als Amerikaner ist man quasi Besitzer dieser Parks und trägt sie im Herzen, trägt ihre Größe in sich selbst spazieren, wozu also zweieinhalbtausend Meilen fahren.

Wozu?

Um sich selbst in der Natur wiederzuerkennen? Demut zu empfinden, Schönheit zu erfahren?

Kann man genauso gut in den Spiegel gucken, sagt Dustin, lacht, weiß nicht, wovon ich rede, schiebt es auf den Selbstgebrannten. Er würde mir gerne helfen, müsse aber zugeben, dass er sich an der Westküste nicht besonders gut auskenne. Ein blinder Fleck in der geografischen Kenntnis seines Heimatlandes. Schulterzucken. Sorry.

Warte mal.

Dustin überlegt, fängt an zu murmeln, deutet mal hier-, mal dorthin, fährt mit seinem ölverschmierten Zeigefinger Highways lang, verfährt sich, findet nicht, wonach er sucht, überquert Gebirge und rutscht von einem Staat zum nächsten. Zum Schluss stehen zwei Städtenamen, zwei Adressen und zwei Telefonnummern in meinem Notizbuch.

Gene in Oakland, Karl in Anacortes.

Laut Dustin, die zwei einzig vernünftigen Menschen, die es im Westen gibt.

Dann schreibt er noch:

Ellie's Coffeehouse, Anacortes, bester Kaffee auf der ganzen Welt. Dann bringt er mich zu meinem Auto und zeigt, wie man die Rückbank umklappt.
Bevor ich es vergesse, am Samstag bist du eingeladen.
Familientreffen bei Dustins Eltern. Draußen auf dem Land. Alle würden kommen, auch Anns Eltern, die wolle ich doch bestimmt kennenlernen.
Du kannst gar nicht Nein sagen.
Stimmt, ich kann es nicht.

ELF

Dustin wirkt angespannt, trägt eine Sonnenbrille, bestellt Rührei und Bloody Mary. Wir treffen uns in seinem Stammcafé, ich habe Blumen besorgt.
Für wen sind die?
Für deine Mutter.
Dustin überlegt, dann fragt er, ob es okay wäre, wenn er seiner Mutter den Strauß überreichen würde. Von mir würde das keiner erwarten.
Okay.
Der Strauß hat zwanzig Dollar gekostet, das Frühstück muss ich auch bezahlen. Ob ich noch einen Zehner zum Tanken hätte?
Kein Problem.
Dustin ist erleichtert, zieht die Sonnenbrille ab. Er sieht schlecht aus. Von den vierhundert Dollar, die ich ihm für das Auto gegeben habe, ist nichts mehr übrig.
Ein kurzer Blick auf die Uhr.
Wir müssen los.
Raus nach Newark. Dustin stürzt den letzten Schluck Kaffee runter. Wir fahren getrennt. Mein Rucksack liegt im Kofferraum.

Nach dem Besuch will ich gleich weiter, will endlich fahren, endlich Highways, Diners, Motels, Amerika.
Auf dem Parkplatz fragt mich Dustin, ob ich mir das gut überlegt hätte.
Du bist gerade mal seit zwei Tagen hier. Columbus ist nicht die schlechteste Stadt.
Aber das Land ist groß, und darum geht es doch, das zu kapieren.
Die Größe zu erleben. Die Unterschiede.

Zwei Tage pro Stadt, mehr ist nicht drin.

Zwei Tage. Ha! Man erfährt nichts über einen Ort in zwei verdammten Tagen.

Dustin fragt mich ab.

Wie viel Einwohner hat Columbus? Wie viele Brauereien gibt es in Columbus? Warst du im Zoo? Zoo des Jahres '90, '91, '93. Warst du auf dem Campus der Ohio State? Test Market USA, davon schon mal was gehört?

Ich schüttele den Kopf.

Dustin kann nicht glauben, wie dumm ich bin.

Mein Dad war der erste Mensch auf dieser Welt, der je in einen McRib gebissen hat.

Stolz in seiner Stimme.

Wow! Hat er ihm geschmeckt?

Dustin ignoriert die Frage.

Alle großen Fast-Food-Läden testen hier ihre Produkte.

Hast du schon mal einen Buckeye Donut gegessen?

Ja, lüge ich.

Ich will, dass er aufhört.

Wenigstens etwas.

Eine Stunde später stehen wir im Wohnzimmer seiner Eltern in einem Kreis und halten uns an den Händen. So betet man hier, Hand in Hand vor dem kalt-warmen Büffet. Dustin, zu meiner linken, hatte seiner Mutter erst zwei Müllsäcke mit Dreckwäsche, dann den Blumenstrauß überreicht, und hatte damit unerwartete Tränen der Rührung bei seiner Mutter hervorgerufen. Meine rechte Hand ist fest im Griff von Anns Vater. Wir stehen in Socken auf orangenem Teppich, senken die Köpfe und schließen die Augen. Im Hintergrund läuft der Fernseher. An der Wand ein großes Bild von Vater, Mutter, Dustin als Kind. In Öl, mit Goldrahmen. Ein Bild von Ronald und Nancy Reagan, Fotos von Dustin in Footballkleidung, Pfadfinderuniform, Abschlussball, eine amerikanische Jugend. Dustin als Repräsentant der republikanischen Normalität.

Die Zusammensetzung der Bevölkerung von Columbus entspricht der der gesamten Vereinigten Staaten. Columbus ist Amerika in klein. Hier hast du alles auf einem Fleck.

Genau, Dustin, und deswegen muss ich schnell weg. Die Verdichtung als inneres, fleckiges Prinzip, als das Wesentliche dieser Stadt, spürt man überall, auch nach zwei Tagen schon. Man sieht auch dir die Verdichtung an, Dustin, man sieht in dir die gesamtamerikanische Vergangenheit, Gegenwart und Zukunft, man sieht sie in deinem Auto, in deinen Zähnen, hört sie in deinen Geschichten. Ich spüre sie unter der Dusche, im Pool, auf der Matratze des YMCA. Die Verdichtung von Größe und Weitläufigkeit, die Verdichtung von Unterschieden, die Verdichtung von Freiheit, die Verdichtung von Demokratie, die Verdichtung von Durchschnittlichkeit. Das alles lässt sich wahrnehmen, lässt sich annehmen, darin kann man sich einrichten. Damit wirbt Dustin, damit will er mich halten. Aber dafür bin ich nicht hier.

Bleib noch eine Woche, Christian, und du wirst nie wieder gehen wollen.

Ich aber will gehen. Ich suche nicht nach einem Ort zum Bleiben. Dustin versteht nicht, wovon ich rede. Sagt, mein Englisch sei zu schlecht. Ob ich nicht einen Kurs belegen wolle. Zum Beispiel an der Ohio State, so was sei möglich.

Nachdem er mich nicht für die Durchschnittlichkeit von Columbus begeistern konnte, versucht er es jetzt mit den Besonderheiten: Aus der ganzen Welt kommen sie hierher und lernen Englisch.

Nein, nein. Ich bin ja begeistert, aber meine Begeisterung hält sich in Grenzen, und das ist ein Gefühl, das ich gut kenne. Die Grenzen der Begeisterung aber sollen fallen. Hier in Amerika, da sollen Grenzen fallen. Die Weilberger Grenzen, die Herkunftsgrenze, all das soll sich auflösen. Hier wird amerikanische

Abwesenheit, die mein Leben so lange bestimmt hat, durch Anwesenheit ersetzt.
Dustin runzelt die Stirn.
Er sagt, ich würde spinnen, hätte einen an der Waffel. Er versucht, es nett klingen zu lassen, aber ich merke, wie ich ihm verdächtig werde. Meine Ehrlichkeit überschwemmt Dustins Verstand.
Steve! Das Gebet.
Steve ist Anns Vater. Er ist das älteste männliche Familienmitglied und die Tradition verlangt, dass er im Namen seiner Sippe das Wort an den Vater im Himmel richtet.
Wir danken dem lieben Gott für alle Mütter und Frauen, die ihr Leben lang im Haus, auf dem Feld, bei der Arbeit und im Kreissaal die Welt im Lot halten. Die tapferen Frauen, die uns das Geschenk des Lebens überreicht haben. Wir danken ihnen für den Zusammenhalt, den sie der Familie geben, den Trost, die Liebe, die Wärme, die Fürsorge.
Steve dankt Gott für meinen Besuch, er dankt Gott für meine Mutter, die mich geboren und zu dem famosen jungen Mann gemacht hat, der mit großem Herzen und Löwenmut alleine durch unser Land reist, der von diesem Ort der Gastfreundschaft aufbrechen wird in die Weiten Amerikas. Gott segne Christian, Gott segne seine Mutter, Gott segne Amerika, Gott segne Belgien. Ich bin gerührt und spüre, wie in meinem Gesicht etwas unkontrollierbar zu zucken beginnt. Zwei übergewichtige Großcousinen von Ann starren mich an. Die eine prüfend, die andere flirtend. Ich halte meine Tränen zurück.
Amen.
Jetzt kommen sie, einer nach dem anderen, schütteln meine Hand, sehen in meine feuchten Augen, fragen nach Ann, von der ich schon gar nicht mehr richtig weiß, wie sie überhaupt aussieht. Aber ich bin gut vorbereitet, habe nichts dem Zufall überlassen. Nach der Einladung zum Muttertag habe ich Ann im Reisebüro angerufen und sie nach Fakten, die ich als ihr guter Freund ken-

nen müsste, gefragt. Sie hat gelacht, mir Alter und Familienstand genannt und dann gesagt, ich solle mir was ausdenken, irgendetwas, was wir zusammen gemacht haben, Schule oder Uni, oder so. Ich soll einfach sagen, wie toll ich Ohio fände, dass ich am liebsten für immer bleiben würde.
Sie werden dir sagen, dass es möglich ist.
Sie werden dich dazu ermutigen.
Kurz bevor sie auflegte, sagte sie:
Ach so, ich spiele jetzt Basketball. Erzähl das meinem Dad, das wird ihm gefallen.
Steve freut sich über die sportlichen Neuigkeiten. Lieber aber möchte er mir von Deutschland vorschwärmen. Deutschland sei großartig. Deutschland sei wunderschön, das beste Essen, das beste Bier, die besten Frauen. Die Jahre in der Army waren die besten seines Lebens.
Die Army? Na klar, wie dumm von mir.
Ich hatte Ann erzählt, dass mein Vater GI gewesen ist, wieso hat sie nicht gesagt: meiner auch.
Stattdessen: Mein Vater war acht Jahre lang beruflich in Deutschland.
Steve wiederholt nochmal:
Die Jahre bei der Army waren die besten meines Lebens, die Jahre mit Ann und ihrer Mutter. In Deutschland.
Dann die Scheidung. Ann kommt seitdem jeden Sommer.
Oh, wie er die Zeit mit ihr genießt, unvorstellbar sei es, wie sehr er sie vermisst. Aber so spielt das Leben. Haha.
Es hat wehgetan, sie zu verlassen, aber Steve hat in Deutschland keine Zukunft sehen können.

Kein Ziel vor Augen. Ist das der Grund? Wenn ja, ist das ein dummer, grenzenlos bescheuerter Grund. Aber Soldaten denken so. Das Ziel vor Augen zu haben ist der soldatische Lebensinhalt. Abdrücken und Töten. Alles, was sich diesem Ziel in den

Weg stellt, muss beiseitegeschoben werden. Frauen und Kinder zuerst.
Wo warst du stationiert?
Steve nennt eine Stadt in Bayern, lobt das Bier, lobt das Essen, sagt Grüß Gott.
Vollidiot.

Leichter Regen in Ohio, ich stehe unter einem Vordach und sehe den zwei Großcousinen von Ann zu, wie sie mit Quads ein Rennen über die abgeernteten Maisfelder fahren. Die Hunde jagen ihnen hinterher, die Brüste und Bäuche der Cousinen wackeln. Die Jüngere winkt in meine Richtung. Ich sehe weg.
Vom anderen Ende der Maisfelder hört man Schüsse. Da stehen die Männer und ballern auf Tontauben und selbstgemalte Zielscheiben. Die Frauen stehen in der Küche und trinken Genever. Familientradition.
Heute ist Muttertag in Antwerpen, wo die Familie herstammt.
Wir sind Belgier.
Ich lächle gequält und frage nach einem Glas für mich. Man schenkt mir eine Cola ein.
Genever nur für Ladies.
Außer einer weiteren Bekundung, wie schön es sei, dass ich gekommen sei, haben wir uns nichts zu sagen. Ich frage, ob ich in der Küche helfen kann. Aber es gibt nichts zu tun. Am Muttertag bleiben Porzellan, Besteck und Glas im Schrank, am Muttertag benutzt man Plastik, um den Müttern Arbeit zu ersparen. Alles schon im Müll, sie deuten auf zwei prallgefüllte Säcke, nichts zu tun.
Geh schießen, sagen sie. Für die Mütter, für die Tradition. Sanft drängt man mich zur Tür. Am Schießstand angekommen, kippt mir Dustin Whiskey aus seinem Flachmann in die Cola. Auch Steve und Dustins Dad, die Cousins und Neffen haben Schnaps in ihren Hosentaschen. Ein Schuss, ein Schluck und noch ein Schuss. Feuerwaffen, Feuerwasser, auf die Tradition. Prost.

Du bist dran.
Man drückt mir eine Waffe in die Hand.
Schon mal geschossen?

Der Sparkassendirektor war fünffacher Schützenkönig und wenn seine Frau mit den Kindern verreist war, lud er manchmal meine Mutter und mich zu sich nach Hause ein. Während die beiden in der Küche Kaffee tranken, bewunderte ich im Keller die Schränke mit Gewehren und Pistolen. Meine Mutter sah das nicht gerne.
Alle Jungs in dem Alter interessieren sich für Waffen, ist doch ganz normal, verteidigte mich der Sparkassendirektor. Außerdem sind das nur Sportwaffen. Ganz harmlos.
Darf ich mal schießen?, fragte ich
Auf keinen Fall.
Du hast doch gerade gesagt, dass die ganz harmlos sind.
Harmlose Waffen gibt es nicht.
Ich mochte den Sparkassendirektor nicht in seiner Rolle als Privatmensch. Ich fand, dass er außerhalb der Sparkasse irgendwie falsch wirkte. Die Freundlichkeit, mit der er seine Filiale leitete, mit der er seine Kunden behandelte, bekam in der Außenwelt etwas Bedrohliches.

Ein angeheirateter Verwandter aus Texas erklärt mir, was ich machen muss.
Die unbeholfene Art, mit der er die Patronen ins Magazin fummelt, erinnert mich an den Erhard, wenn er betrunken versuchte, die Batterien der Fernbedienung zu wechseln. Man setzt mir Gehörschutz auf, ich bringe mich in Position, ziele, drücke ab.
Bull's Eye!
Alle jubeln. Ich bin ein Naturtalent.
Und nochmal.
Bull's Eye.

Ich fliege. Ein Naturtalent.
Sie drücken mir immer größere Waffen in die Hand, ich ballere ganze Magazine leer, schieße Schwärme von Tontauben vom Himmel.

An meinem zehnten Geburtstag stand der Sparkassendirektor vor der Schule. Mit Freizeithemd, Pullover über die Schulter gehängt und Sonnenbrille lehnte er an seinem Mercedes. Schon von Weitem rief er:
Da ist ja das Geburtstagskind.
Im Auto der Franz, der Mitch, der Baumann. Der Franz rutschte nervös hin und her und biss sich auf den Nägeln rum.
Wo ist die Mama?
Die muss arbeiten.
Der Sparkassendirektor fasste mich an den Schultern und drückte mich auf den Beifahrersitz.
Wo fährst du mit uns hin?
Überraschung.
Das ist mein Geburtstag. Wo ist die Mama? Wo fahren wir hin?
Der Sparkassendirektor ließ sich noch ein bisschen bitten und prahlte dann, dass er es geschafft habe, meine Mutter zu überreden, dass wir dieses Jahr meinen Geburtstag auf dem Schießstand des Schützenvereins feiern. Am Abend würden wir in der Schützenstube Schnitzel essen.
Deine Mutter kommt dann auch dazu.
Der Franz, der Mitch und der Baumann jubelten, waren ganz aus dem Häuschen.
Wie geil.
Gibt's da auch Maschinengewehre?
Ich blieb skeptisch.
Wo ist die Dana?
Das ist nichts für Mädchen. Dieses Jahr machen wir einen richtigen Männergeburtstag.

Die Dana ist kein Mädchen.
Der Sparkassendirektor lachte, ich fing an, zu weinen.
Mir scheint, du bist hier das Mädchen. Na gut. Weil du Geburtstag hast.
Er reichte mir ein Taschentuch.
Ich kann gar nicht schießen, sagte die Dana, als ich vor ihrer Tür stand.
Na und, ich auch nicht.
Ich habe auch gar kein Geschenk, sagte die Dana.
Die Dana sah zum Auto. Der Sparkassendirektor winkte, der Motor lief.
Ist egal. Komm. Bitte.

Bull's Eye!
Die Welt um mich verschwindet, die Jubelschreie von Anns Verwandten und die Schüsse dringen immer leiser an mein Ohr. Wie durch Watte, wie im Mutterleib. Ich bin ein Naturtalent. Soldatenblut fließt durch meine Adern. Born to kill. Wie mein Daddy. Steve, der ehemalige GI, steht neben mir, ganz außer sich vor Stolz. Ein junger Mann mit Ziel vor Augen, der nicht zulässt, dass sich etwas in die Schussbahn stellt. Erweiterte Verwandtschaft. Fast wie ein Sohn sei ich für ihn. Bullshit.
Bull's Eye!
Ich schieße hier für seine Tochter, schieße mich ins Herz seiner Familie, schieße für die deutsch-amerikanische Freundschaft. Und dann fangen plötzlich meine Knie an zu zittern und die Zielscheibe verschwimmt vor meinen Augen. Steve hält mir seinen Flachmann hin. Zielwasser. Hast du dir verdient.
Was für ein Talent. Das muss gefeiert werden.

Im nach Schwarzpulver und alten Socken riechenden Keller des Schützenvereins bekamen wir Gehörschutz aufgesetzt und ballerten ungefähr zwei Stunden lang mit Kleinkalibergewehren auf

Zielscheiben. Der Sparkassendirektor rauchte Zigarillos, trank Bier und gab Tipps.
Am Ende hatte die Dana dann die meisten Punkte, Schützenkönigin. Sie bekam einen kleinen Pokal.
Der Baumann, der von sich selbst erwartete hatte, im Umgang mit Waffen ein gewisses Talent zu besitzen, hatte gerade Mal ein Viertel so viele Punkte wie die Dana und saß schmollend in der Ecke. Der Sparkassendirektor machte Witze über uns.
Haha. Jungs, Jungs, Jungs. Von einem Mädchen abgehängt. Unglaublich, noch nie erlebt, habe er so was.
Mit uns könne Deutschland keinen Krieg gewinnen. Haha.
Der Franz, gerade mal zwei Punkte schlechter als die Dana, hat dem Direktor dann ganz ruhig erklärt, auf welcher Seite wir stehen, und dass wir lieber sterben würden, als für Deutschland in den Krieg zu ziehen. Dann hat er mit dem Gewehrkolben die Scheibe eines Trophäenschranks zerschlagen. Der Mitch schlug sich lachend auf die Schenkel und die Dana warf ihren Pokal in den Mülleimer, der Baumann schmollte unbeeindruckt von den Geschehnissen weiter. Der Sparkassendirektor packte den Franz am Kragen und haute ihm eine runter, dann wurde er kreidebleich. In der Tür stand meine Mutter, die Hand vorm Mund, Entsetzen in den Augen.
Der Franz riss sich los, ging zu meiner Mutter und fragte, ob es jetzt endlich Schnitzel gebe.

Bull's Eye!

Christian! Christian!
Sie feuern mich an. Aber ich will nicht, lehne ab, drücke ihm die Knarre in die Hand, nehme den Gehörschutz ab.
Das war's. Ich muss aufs Klo.
Enttäuschung. Der Deutsche kapituliert. Irgendwie auch typisch.
Ich gehe weg. Gehe zum Haus, wo die dicken Großcousinen, mit

Eimer und Schwämmchen ausgerüstet, gerade ihre Quads vom Schlamm befreien.
Im Krieg gibt's auch keine Pinkelpause, lallt Steve mir hinterher. Alle lachen. Sollen sie doch. Ich gehe in die Küche und sage, ich müsse leider los.

Sie schießen immer noch, als ich eine halbe Stunde später ins Auto steige, Dustins Mutter hat mir ein Paket mit Essen gepackt und wünscht mir eine gute Reise. Ich bedanke mich.
Jederzeit willkommen, komm wieder, bring deine Familie mit. Es war ein ganz besonderes Vergnügen.
Die Schüsse verstummen. Am Schießstand setzen sie sich in Bewegung. Sie rücken an, kommen, um mich zu verabschieden. Die Cousinen machen einen letzten Versuch, mich zum Bleiben zu bewegen. Sexy Blicke, Brüste raus. Ich will weg und werde auch nicht wiederkommen.
Der Joe hat ganz bestimmt genau so eine Familie, sitzt gerade besoffen mit seinem Vater vor der Glotze, während seine Mutter sich um seine mitgebrachte Dreckwäsche kümmert.
Ich hupe kurz zum Abschied und dann geht's los. Weg von hier. Wer weiß, ob der Joe überhaupt ein guter Schütze war. Ich bin nicht sein Kind, ich bin das Kind seiner Abwesenheit. Nach fünf Meilen kurbele ich das Fenster runter und werfe das Paket mit Essen auf den Highway. Meine Mutter gibt mir nie etwas zu essen mit, wenn ich sie besuche. Die Sonne geht unter, der Fahrtwind bläst mir in die Ohren. Meine Mutter wäscht meine Wäsche nicht mehr, seit ich sechzehn bin. Endlich alleine. In meinem eigenen Auto. Ein Tropfen Spucke in der Unendlichkeit. Ich fahre die ganze Nacht.

ZWÖLF

Zehn Uhr morgens, meine Lunge schmerzt, der Magen knurrt. Außer einem Päckchen Zigaretten habe ich nichts gegessen. Ich kann die Augen nicht mehr offen halten, kurble das Fenster runter, rede laut mit mir selbst, nehme die nächste Abfahrt, nehme den Abzweig zu einer Stadt, deren Name mir ein bisschen gefällt. Am Ortseingang Supermärkte, Drive Throughs, Tankstellen und Motels. Zimmerausstattung und Preise, gut lesbar auf Leucht- und Anzeigetafeln. Ich halte da, wo es am teuersten ist. Ich kann es mir leisten, habe Lust auf Luxus. Roomservice, Pool, Fernseher und eine eigene Dusche. Keine Ahnung, warum Ann mich in Columbus zum YMCA geschickt hatte. Sollte ich gleich zu Anfang die hässliche Seite Amerikas kennenlernen? Greyhoundbus, YMCA, illegaler Autohandel, das hatte sie mir als Willkommenspaket geschnürt. Das echte Amerika. Auf meinem Zimmer im YMCA Downtown Columbus, drei Männer zwischen dreißig und fünfzig, auf der Suche nach Arbeit, in der Stadt, auf dem Feld, in der Fabrik. Zu Hause eine Familie, hungrige Mäuler, Hypotheken. John, Joe, Jay. Nice to meet you. Zu Hause keine Arbeit, hin und her, von einem Ort zum nächsten, kreuz und quer durch Amerika. Melonenernte, Ölfeld, Maisernte, Entrümpelung, Abriss, Kürbisernte, Erdbeerernte, Schlachthof, Baustelle, Marihuanaernte. Wer keinen Airstream hat wie Dustin, schläft im Auto. Wer kein Auto hat, schläft im YMCA.
Und du?
Tourist. Europäer. Deutscher Student. Das komplette Gegenteil von euch.
Ich hole meine Sachen aus dem Kofferraum und zünde mir noch eine an. Fünfzig Dollar die Nacht, Kingsize-Bett Frühstück inklu-

sive. Hier gehöre ich hin. Die Gäste der letzten Nacht verlassen das Motel. Check out 10 AM. Geschäftsreisende, Familien mit Kindern. Gepflegtes Äußeres, sie sehen erholt und ausgeschlafen aus, sie steigen in gepflegte Autos. Vor dem YMCA, Männer, die andere nach Kleingeld fragen, Männer mit zerschlissenen Wanderrucksäcken, mit Sporttaschen aus Highschooltagen, mit Gepäck in Plastiktüten. Ein Foto von dem Haus, in dem sie eigentlich wohnen, ein Foto von der Familie, für die sie all das auf sich nehmen. Ich sehe mein Spiegelbild im Fenster. Fettige Haare, fleckiges T-Shirt. Einer von ihnen, geht man nach der äußeren Erscheinung, glaubt man dem Geruch. Eigene Dusche, Roomservice, Fernseher. Ich kann es mir leisten.

Der Mann an der Rezeption spricht mit lauter Stimme, sein Englisch ist schlecht. Er wäre gerne freundlicher, das merkt man ihm an, aber es fehlen die Vokabeln. Er versucht es durch sympathische Gesten wettzumachen. Akzent und Äußeres lassen auf osteuropäische Herkunft schließen. Eine leichte Alkoholfahne strömt aus seinem Gesicht. Nicht unangenehm, ein wenig wie das Aftershave des Großonkels.

Wie viele Nächte?

Eine.

Wenn ich bis zehn Uhr nicht ausgecheckt bin, verlängere ich automatisch um eine Nacht.

Kapiert?

Ich nicke, er grinst und klopft mir auf die Schulter. Willkommen, willkommen, willkommen.

Er trägt mir den Rucksack aufs Zimmer, erklärt mir pantomimisch, wie die Klimaanlage funktioniert, deutet auf einen Knopf, schüttelt sich vor Kälte, deutet auf einen anderen, wischt sich Schweiß von der Stirn. Er lehnt das Trinkgeld ab, das ich ihm geben will. Ich frage, wo es zum Pool geht. Er wedelt mit dem Zeigefinger und schüttelt energisch den Kopf. Pool kaputt. Morgen. Er hantiert mit unsichtbaren Werkzeugen.

Roomservice?
Er nickt, gibt mir die Karte eines Pizza Lieferservice. Toni's Italian.
Yummie.
Er reibt sich den Bauch.
Okay?
Okay.
Jetzt streckt er die Hand aus. Die Willkommenszeremonie ist abgeschlossen, er will sein Trinkgeld.
Danke, Sir.

Er klopft mir nochmal auf die Schulter, dann geht er und schließt die Tür hinter sich, ganz behutsam, ganz leise, so als würde ich bereits schlafend im Bett liegen, als wäre ich sein kleines Baby, hier wird sich um einen störungsfreien Aufenthalt bemüht. Kaum ist er weg, lasse ich die Jalousie herunter, ziehe mich aus, laufe ein bisschen im Zimmer herum. Ich gehe ins Bad und drehe das Wasser in der Dusche auf. Es stinkt nach Chlor, ich dusche eine halbe Stunde lang.
Zurück im Zimmer muss ich niesen. Die Luft ist eisig, die Klimaanlage rattert. Ich versuche, sie abzuschalten, bekomme es nicht hin, versuche, die Temperatur zu regulieren, drücke auf den Schwitzknopf, auf den Frierknopf. Außer der Lautstärke ändert sich gar nichts. Ich schalte den Fernseher ein. Nachrichten, Werbung. Drei Uhr nachmittags, ich liege im Hotelbademantel auf meinem Kingsize-Bett und fühle mich ein bisschen krank. Ich spiele mit meiner Kippenpackung. Darf man in einem Motelzimmer eigentlich rauchen? Ich habe Hunger, will bei Toni's anrufen, aber das Telefon ist tot. Vor dem Spiegel übe ich eine Beschwerde in Zeichensprache, bin unzufrieden mit meiner Leistung und lege mich wieder hin. Im Fernsehen sehe ich den deutschen Kanzler. Er ist in Washington. Er sieht müde aus.

Dreizehn Stunden Schlaf, der Fernseher läuft immer noch, der deutsche Kanzler ist zurück in Bonn, die US-Army in Haiti und mein Nacken schmerzt. Der kalte Wind der Klimaanlage, dreizehn Stunden lang. Ich will raus ins Warme. Zwei Kopfschmerztabletten und ich beschließe, in die Stadt zu fahren. Der Portier trägt heute Sonnenbrille, ist ganz aufgeregt, als er mich sieht.
Pool, sagt er, nimmt mich am Arm und zieht mich mit. Wir gehen über eine dunkle Treppe in den Keller. Hinter einer Glastür befindet sich ein fünf mal drei Meter großes Planschbecken.
Pool, sagt der Portier noch einmal und blickt mich erwartungsvoll an. Ich bedanke mich für die Information, versichere ihm, ich würde heute Nachmittag ein paar Bahnen schwimmen, müsse aber erstmal was essen. Er versteht nicht, was ich ihm sage. Ich deute auf meinen Bauch und mache ein knurrendes Geräusch. Wir lachen. Er gibt mir eine Banane aus dem Obstkorb.
Ein netter Kerl. Ich verlasse das Motel. Trotz Sonne leichter Nieselregen. Auf dem Parkplatz, auf dem ich gestern mein Auto abgestellt habe, steht ein rotes Cabrio.
Wo ist der Toyota?
Ich suche den Parkplatz ab. So eine Scheiße.
Wo ist der Toyota?
Ich werde hektisch, renne zurück zur Rezeption.
Wo ist der Toyota?
Der Mann versteht mich nicht, ich verliere die Fassung, schreie ihn an, renne wieder auf den Parkplatz. Ich suche die gesamte Umgebung ab, erst rennend, dann im Laufschritt, irgendwo muss das Auto sein. Ist es aber nicht. Ich sehe einen Polizisten, der aus einem Kaffeeladen kommt, gehe zu ihm und erzähle atemlos vom Diebstahl meines Autos. Er verzieht keine Miene, fragt nach meinem Ausweis.
Ich rede immer weiter, beschreibe ihm das Auto, er studiert meinen Reisepass, guckt aufs Foto, guckt mich an, guckt aufs Foto, guckt mich an.

Rostflecken am linken Kotflügel, Ohio Buckeyes Aufkleber auf der Stoßstange, zwei Räder mit Radkappen, zwei ohne, Scheinwerfer mit Klebeband fixiert.

Er runzelt die Stirn, fragt nach dem Kennzeichen, ich weiß es nicht. Er schüttelt ungläubig den Kopf, greift zum Funkgerät. Er gibt alles, was ich ihm gesagt habe, an die Kollegen weiter.

Scheiße, hoffentlich war das kein Fehler. Ich weiß nicht, wie Dustin zu seinen Autos kommt. Es ist nicht allzu unwahrscheinlich, dass vor Kurzem auf einer Polizeistation irgendwo in Ohio ein geklautes Fahrzeug gemeldet wurde, auf das meine eben gelieferte Beschreibung genau passt. Was, wenn die Unkenntnis des Nummernschildes mich verdächtig macht?

Wo übernachten Sie?

Zögernd nenne ich den Namen meines Motels. Der Polizist notiert ihn sich.

Die Kollegen versprechen über Funk, dass sie die Augen offen halten werden. Kein Hinweis auf Konsultation von Datenbanken oder weiteren Ermittlungen in meine Richtung, kein Anruf in Ohio geplant. Wozu auch? Ein Auto ist kein Ausreißer, der zurück nach Hause fährt.

Wenn ich eine Anzeige aufgeben möchte, müsse ich aufs Revier, viel Hoffnung könne er mir nicht machen, sagt der Polizist. Er hat Mühe, seinen Notizblock wieder in die Hosentasche zu bekommen. Alles an seiner Uniform ist viel zu eng. Ein Bierbauch hängt ihm über den Gürtel.

Wir haben noch nie ein gestohlenes Auto wiedergefunden. Zumindest nicht in einem Stück.

Ich könnte heulen.

Fünfzigtausend Meilen könnte ich mit dem Auto durch Amerika fahren, hatte Dustin versprochen, und jetzt ist es einfach weg.

Waren Wertgegenstände im Auto?

Nein.

Ausweis, Schmuck, Fotoapparat.
Oh, nein. Ja, da war etwas im Auto. Scheiße, Scheiße, Scheiße.
Der Polizist fummelt den Notizblock wieder raus.
Was?
Ich hatte, für den Fall, dass ich es schnell brauche, falls ich zufällig denken sollte, *Mensch, das ist er doch, das ist doch der Joe*, das Bild vom Joe zu Vergleichszwecken griffbereit ins Handschuhfach gelegt. Wie kann man nur so dumm sein. Das einzige Bild meines Vaters. Für immer weg.
Alles in Ordnung, Sir? Sir?
Alles in Ordnung, alles okay. Nur ein Foto.
Nichts Wertvolles. Rein persönlicher Wert.
Diesmal steckt er den Notizblock in die Brusttasche.
Tut mir leid.
Er gibt mir meinen Ausweis zurück.
Ich bin so ein Vollidiot, übernächtigt wie ich war, habe ich bestimmt vergessen, das Auto abzuschließen.
Wir sind alle Menschen, Menschen machen Fehler. Soll ich dich zum Revier bringen, damit du Anzeige erstatten kannst? Wie gesagt, ich glaube nicht, dass es was bringt ...
Schon in Ordnung.
Ich frage ihn nach einem Restaurant, einer Pizzeria, frage nach Toni's Italian. Ich schluchze.
Toni's Italian? Um Gottes Willen. Steig ein, ich bringe dich zu Tracey's Grub Point. Die besten Burger der Stadt, ach was, im ganzen Bundesstaat. Ich wollte sowieso Pause machen. Ich heiße Geoff.

Seit es bergab geht mit der Autoindustrie, geht es mit der Kriminalität bergauf. Japanische Fahrzeuge seien bevorzugte Ziele von Vandalismus.
Geoff stopft sich Pommes ins Maul.
Es sei wahrscheinlich, dass man mein Auto in den nächsten Tagen ausgebrannt auf einem Feldweg finden würde.

Geoff nimmt einen Schluck Bier, rülpst leise in die Faust.

Sehr wahrscheinlich sogar.

Wie frustrierend. Ich sehe den brennenden Toyota vor mir und höre Schreie, die Flammen würden vor dem Bild vom Joe keinen Halt machen. Der Joe würde verbrennen, würde dort am Geländer des Autoskooters lehnend, an dem er für immer und ewig festgewachsen war, vom Feuer aufgefressen werden, eingesperrt im Handschuhfach, kein Entkommen. Niemand wird ihn hören, niemand wird ihm helfen. Nichts wird von ihm übrigbleiben, nicht mal seine Hundemarke.

Durch die imaginäre Flammenhölle dringt Geoffs Stimme. Sie singt ein Loblied auf die alte Welt, aus der ich zu ihm kam. Es handelt von Burgen und Geschichte, überall Geschichte, in ganz Europa alles voll davon, es müsse der Wahnsinn sein. Die Klöster, die Münster, die Dome, einfach nur unvorstellbar.

Was für berühmte Bauwerke gibt es in Frankfurt?

Der Dom, der Römer, die Paulskirche, die Zeilgalerie. Vieles wurde im Krieg von den Amerikanern zerstört.

Geoff entschuldigt sich. Eine Schande sei das. Das schöne Frankfurt.

Ich bin erst zweiundzwanzig, aber für Geoff bin ich herkunftsbedingt viel älter, viel weiser, ich trage jahrtausendealtes Wissen in mir. Geoffrey sagt, dass seiner Meinung nach das Umzingeltsein von Geschichte sich in jedem Fall auswirke auf die menschliche Qualität. Und zwar positiv.

Ein amerikanischer Minderwertigkeitskomplex, ich wechsle das Thema.

Weißt du, mein Vater war amerikanischer GI. Ich habe ihn nie kennengelernt.

Oh.

Die alteuropäische Patina platzt von mir ab, ich spüre, wie ich rückwärts aus der Ahnenreihe falle.

Das tut mir leid.

Kurze Stille, Geoff senkt den Blick.
Wo lebt dein Vater?
Keine Ahnung.
Bist du hier, um ihn zu suchen?
Vielleicht. Ich weiß es nicht.
Verstehe.
Geoff schlürft den Rest seines Milchshakes durch den Strohhalm, knäult die Serviette zusammen und legt sie auf den Teller.
Wenn du willst, helfe ich dir, ihn zu finden. Ich bin Polizist, kein Problem für mich. Ein Junge wie du braucht einen Vater.
Ein Junge wie ich? Ein Junge, der sich das Auto unterm Arsch wegklauen lässt, ein Junge, der freiwillig bei Toni's Italian essen will, ein Junge, der nicht auf sich selbst aufpassen kann?
Ich überleg's mir.
Geoff, der fette Supercop. Wenn er mal nach Weilberg kommt, stell ich ihm den Anwalt vor.
Ich brauche nur den Namen und ein Bild.
Ein Bild. Scheiße.

DREIZEHN

Tracey poliert den Tresen, die Kellnerin stellt Stühle hoch. An einem Tisch, ganz hinten in der Ecke, sitzt ein Mädchen, ungefähr in meinem Alter. Sie liest ein Buch, trinkt Kaffee. Hin und wieder hebt sie ihren Kopf und sieht in meine Richtung. Die Augen auffällig hell, fast farblos, unter dem rechten Auge hat sie einen kleinen Kratzer. Die Brauen schwarz, Haare halblang, straßenköterblond. Nachdem Geoff gegangen war, bin ich einfach sitzen geblieben, habe ihr beim Lesen zugesehen und dabei drei Liter Cola getrunken.
Alice, Zeit für dich zu gehen.
Alice. So heißt sie.
Alice, zisch ab!
Traceys Stimme ist unfreundlich. Sie zeigt auf die Tür. Alice klappt das Buch zu, steckt es in die Tasche, rutscht im Schneckentempo von ihrem Stuhl, zeigt Tracey, die gerade die Tageseinnahmen zählt, den Mittelfinger.
Wenn du glaubst, ich hätte das nicht gesehen, täuschst du dich.
Alice wirft ihr einen Kuss zu. Tracey schmeißt ihr das Poliertuch an den Kopf.
Bis Morgen, Alice. Pass auf dich auf.
Hassliebe. Alice Hose rutscht trotz Gürtel, ist ihr drei Nummern zu groß. Die Jeans des Boyfriends, des großen Bruders, Daddys Hosen? An der Tür dreht sie sich um und winkt mir. Dann verschwindet Alice, die den ganzen Nachmittag und Abend reglos an ihrem Tisch gesessen hatte, die sich gerade noch bewegte wie eine Schnecke, so schnell, dass ich keine Chance habe, zurückzuwinken.

Junger Mann, wir schließen jetzt.
Ich stehe auf und lege einen Zehner auf den Tresen.
Tracey schiebt den Schein zurück.
Die Rechnung übernimmt die Polizei.
Trinkgeld.
Tracey sagt, das sei viel zu viel, steckt den Schein ins Portemonnaie.

Ich verlasse das Lokal. Es ist kühl geworden. Ein Auto ist in Amerika ein fester Wohnsitz. Mein Auto ist weg. Gänsehaut, Zähneklappern. Die Jacke auf dem Rücksitz des Toyotas. Scheiße.
Hört gleich auf. Muss mich ablenken, muss an was Schönes denken, zum Beispiel an:
Alice mit dem Kratzer unterm Auge, in den übergroßen Jeans.
Alice mit dem Buch unter dem Arm.
Alice, die Tracey den Stinkefinger zeigt, mir aber freundlich winkt.
Alice, die heimlich zu mir rüber schielt.

Es fahren kaum noch Autos, der Wind wird immer stärker und ich reibe meine nackten Arme.
Ich denke mich an Alice Seite.
Schon ist sie neben mir, schon wird mir warm.
Ich kann mich wegdenken aus der Wirklichkeit, so sehr, dass ich das Gefühl habe, unsichtbar zu sein.
Die Dana sagt, das sei ein Krankheitsbild, ich sage, das ist eine Gabe.
Vielleicht hast du Eisenmangel, hat die Dana mal vermutet, Leute mit Eisenmangel leben oft in ihrer Fantasie.
Halt die Klappe, Dana, alles was du kannst, ist reden. Alice klaut ein Auto, ein Zuhause für uns zwei.
Ich solle Blutwurst essen, hatte die Dana gesagt, mal sehen, ob das hilft.

Das einzige, was hilft, ist Abhauen, weg aus diesem Drecksnest, raus aus der Realität. Alice fährt uns durch die Rocky Mountains, Alice fährt durch Idaho, fährt bei Nacht und ohne Licht, über den Sunset Strip, durch Salt Lake City und wir schlafen in der Wüste, wir schlafen im Motel, wir schlafen überhaupt nicht mehr.
Ich habe Geld, das für uns beide reicht.
Wir brauchen Geld, das unser beider ist, sagt Alice und wir kaufen uns Pistolen.
Regen peitscht mir ins Gesicht, die Landstraße, Wind und Kälte, bemühen sich, mich zurückzuholen. Aber ich will nicht.
Eine Tankstelle zu überfallen ist das Leichteste der Welt, sagt Alice, und ich glaube ihr.
Eine Tankstelle zu überfallen ist in unserem Fall ein Akt der Liebe. Unsere Körper und ihre pistolenförmigen Verlängerungen durchdringen gemeinsam die Welt. Alice und ich erproben Möglichkeiten der körperlichen Vereinigung abseits von Intimverkehr, wir gleiten über Staatsgrenzen, gleiten über Beziehungsgrenzen. Ich denke mich an Alice Seite, Sehnsucht nach Symbiose. Ich brauche keine Blutwurst, ich brauche keine Hilfe.
Ein Auto hupt, hupt Alice weg, hupt mich zurück auf diese dumme Straße, die immer nur geradeaus geht, hupt mich in die Wirklichkeit des kalten Regens, ohne Jacke, ohne Toyota.
Das Auto fährt im Schritttempo neben mir her. Jetzt bleibt es stehen, der Motor läuft, der Scheibenwischer quietscht. Da steht es und wartet.

Alice fragt mich, wo ich hinwill, und ich sage es ihr.
Alice am Lenkrad, ich auf dem Beifahrersitz, wie eben, nur in echt. Im Radio läuft eine Ratgebersendung.
Das ist meine Lieblingssendung.
Was sich anhört wie eine Gesprächseröffnung, ist vielmehr eine Aufforderung, den Mund zu halten.
Wo brennt's, Carol?

Der Moderator hat eine übertrieben sanfte Stimme.

Carol sagt, ihr Mann würde seit ein paar Wochen jeden Abend für mehrere Stunden verschwinden, spazieren gehen, um sich über irgendwelche Dinge klar zu werden, um alleine zu sein.

Da stimmt doch was nicht. Das ist doch nicht normal.

Der Moderator stimmt zu, gibt Carol den Auftrag, die Sachen ihres Gatten zu durchsuchen, die Hemdkragen auf Lippenstiftspuren, die Kreditkartenabrechnung auf ungewöhnliche Ausgaben zu prüfen. Carol stöhnt, erleichtert und beschwert zugleich, hatte sich bisher mit ihrer Detektivarbeit zurückgehalten, hatte sich verpflichtet gefühlt, Vertrauen zu beweisen.

Vertrauen ist gut, Kontrolle ist besser.

Da ist das Motel.

Alice setzt den Blinker, parkt und lässt den Motor laufen.

Hey, vielen Dank!

Ich will aussteigen, öffne die Tür, habe aber vergessen, mich abzuschnallen, Alice lacht mich aus.

Bleib sitzen. Nur noch drei Minuten, dann ist die Sendung vorbei.

Der Moderator sagt, Carol müsse jetzt stark sein, alles deute auf eine Affäre hin, vielleicht mit einer Nachbarin, einer Arbeitskollegin, einer Fremden. Carol schluchzt, und Alice nimmt meine Hand. Der Moderator spielt ein Liebeslied, Alice stellt den Motor ab, sagt:

Unter der Woche bin ich jeden Tag um fünf bei Tracey's. Am Wochenende schon um drei. Für den Fall, dass du mich wiedersehen willst. Ich fänd's cool.

Alice ist seit drei Monaten in der Stadt, wohnt außerhalb, hat keinen festen Job, sie ist vierundzwanzig, ist schon viel rumgekommen, will noch mehr rumkommen, will überall und nirgends zu Hause sein, bleibt nie lange an einem Ort, hat überall Freunde, sie hat keine richtigen Freunde, kommt gut zurecht, kann auf sich

aufpassen, will ihre Eltern nie wieder sehen, weiß noch nicht, wo sie als nächstes hinwill, hat keine Geschwister, hat drei Halbgeschwister, fragt, ob ich schon mal in Kalifornien war, in Oregon, in Washington, an der Westküste. Sie liebt die Natur, sie hasst die großen Städte, sie hasst den Präsidenten, sie hasst die Polizei, sie liebt Amerika, sie hasst Amerika, will was mit Leder machen. Geldbörsen oder so, will Klamotten nähen, Lederhosen, Lederwesten, sie liest jede Woche ein Buch, manchmal liest sie jahrelang kein Buch, sie will im Joshua Tree National Park oder in Mount Shasta leben, sie will nie wieder nach Los Angeles, sie kommt aus dem Süden, sie trinkt jeden Tag sechs große Tassen Kaffee, sie kommt zurecht, sie kommt durch, manchmal ist alles super, manchmal ist alles scheiße, sie hat Lieblingsfilme, sie hat Lieblingsbücher, sie kann nicht kochen, manchmal isst sie tagelang nur Weißbrot mit Mayonnaise, manchmal …
Tracey unterbricht Alice, stellt einen Teller auf den Tisch.
Käseomelett. Von David.
Tracey seufzt, David ist der Koch, Alice winkt in seine Richtung.
Danke, Dave.
Der Koch zwinkert ihr zu, mich versieht er mit missgünstigen Blicken. Alice holt sich Ketchup von der Bar, schlingt das Omelett runter und als sie fertig ist, fragt sie:
Wolltest du auch was?
Dann will sie wissen, ob sie in meinem Motelzimmer duschen kann. Sie sagt, sie würde stinken.
Ich rieche nichts.
Glaub's mir.

Die Dana hat mal gesagt, ich würde immer alles abblocken. Immer alles, äffte ich sie nach.
Wir saßen auf einer Bank im Bethmannpark und tranken warmen Cidre aus dem Supermarkt. Die Dana hatte einen Schwips, war in Welterklärerlaune, superkluge Psycho-Dana.

Es ist ja nicht so, als würdest du Beziehungen vermeiden. Du lässt dich aber nur so lange auf was ein, bis es ans Eingemachte geht und das ist dann eben kein richtiges Einlassen.
Die Dana schlug mir ins Gesicht, präsentierte eine tote Mücke.
Geht es hier um uns?, dachte ich. Das Eingemachte, was soll das denn sein, Danas Lippen auf meinem Mund?
Manchmal bist du wie ein alter Opa, der gelernt hat, aus Situationen auszusteigen, wann immer irgendwas ihm nicht mehr passt.
Du kannst mich mal.
Macht man das, sagt man anderen Menschen, was man über sie denkt? Sagt man anderen, wie sie sind? Darf man das? Die Dana war rein psychologisch betrachtet voll in Fahrt.
Du brütest irgendetwas aus, und wenn das zum Vorschein kommt, ist alles verschwunden, was vorher da war. Davor habe ich Angst.
Na und, dann hab doch Angst.

Ich liege auf dem Motelbett, und denke darüber nach, was die Dana da im Bethmannpark gesagt hat. Sie hatte Recht, ich blocke Dinge ab. Aber das wird jetzt anders. Ich muss es mir nur ganz fest vornehmen. Ich muss eine mentale Bereitschaft dazu entwickeln, würde die Dana sagen. Die mentale Bereitschaft, Erfahrungen zu machen, anstatt sie mir nur auszudenken. Die mentale Bereitschaft, Blutwurst zu essen, die mentale Bereitschaft, aus Liebe Tankstellen zu überfallen.

Alice will eine Zigarette. Sie hat Dreck unter den Nägeln.
Raucht hektisch, schnippst die Kippe von unten auf das Vordach des Motels. Sie gähnt. Es ist zehn Uhr abends, mein Freund an der Rezeption sitzt auf seinem Stuhl und schnarcht. Ich hatte befürchtet, ihm mit Händen und Füßen erklären zu müssen, wer meine weibliche Begleitung ist und wieso sie mit mir aufs Zimmer kommt. Im Fahrstuhl werde ich nervös. Vielleicht ist diese Alice eine Trickbetrügerin, die es auf meine Reiseschecks und

meinen Ausweis abgesehen hat. Erst Vertrauen aufbauen, dann KO-Tropfen, und schon ist man ausgeraubt.
Alice gähnt schon wieder. Wie kann sie so gelangweilt sein, so vollkommen unaufgeregt, macht sie so was jeden Tag? Kaum im Zimmer, geht sie direkt ins Bad und schließt die Tür. Ich höre sie unter der Dusche singen. Zehn Minuten später steht sie in ein weißes Frotteehandtuch gewickelt im Zimmer, die nassen Haare nach hinten gekämmt.
Danke! War echt nötig.
Alice setzt sich zu mir aufs Bett. Gleich wird sie sich anziehen und dorthin fahren, wo sie zu Hause ist. Wo immer das sein mag. Außerhalb, mehr weiß ich nicht und traue mich auch nicht, nachzufragen. Sie räumt ihre Tasche aus. Autoschlüssel, Lippenstift, Tampon, das Buch. Wonach sucht sie? Ein Deoroller, ein Schokoriegel, Kleingeld. Der Haufen auf dem Bett wird immer größer. Eine Packung Kaugummi, ein benutztes Pflaster, ein Kondom. Mir wird ein bisschen heiß.
Ha!
Sie hat gefunden, wonach sie suchte, verbirgt es in der Hand, steigt aufs Bett, greift nach oben, entfernt geschickt die Batterien aus dem Rauchmelder, lässt sich auf die Matratze fallen, öffnet die Hand und präsentiert einen krummen Joint, den sie mir zwischen die Lippen steckt. Sie greift zum Feuerzeug, zündet ihn mir an.
Ein Zug und ich bin sofort high.
Alice fragt mich nach was Sauberem zum Anziehen. Ich deute auf den Rucksack. Sie wühlt in meinen Sachen, es macht mir gar nichts, sucht sich eine karierte Boxershorts, ein New York Yankees T-Shirt aus, verschwindet damit im Bad, zehn Sekunden später ist sie wieder da, umgezogen, dichtet mit dem Handtuch die Türritze ab, hüpft zum Fenster, macht es auf, legt sich neben mich, lässt sich den Joint geben, greift zur Fernbedienung, schaltet den Fernseher an. Wir gucken eine Comedysendung,

lachen Tränen. Wir teilen uns eine Dose Cola aus der Minibar, und bevor sie einschläft, sagt Alice leise:
Ich hasse die verdammten Yankees.

Ich träume von der Dana. Ich stehe alleine in einer Menschenmenge und dann ist sie plötzlich da, ganz unerwartet. Sie ist wieder vierzehn, steht ganz dicht vor mir, in olivgrünem Unterhemd, ganz zart, ganz klein, ganz traurig. Sie ist aus einem anderen Land gekommen, weit, weit weg, nur um mich zu sehen. Und plötzlich ist es, als wären all die tausend Menschen gar nicht da, als gäbe es nur uns. Große Erschöpfung kommt über mich und ich lege mich auf den Boden. Die Dana legt sich auf mich.
Du darfst mich nicht vergessen, sagt sie.
Wir liegen wach mit offenen Augen, um uns Stille. Dann schläft sie ein, ihr Kopf auf meiner Brust und ich spüre, wie sie langsam in mir versinkt, langsam in mir verschwindet. Am nächsten Morgen weckt mich das Geräusch des Staubsaugers auf dem Flur. Auf dem Fußboden liegen meine Sachen. Alice ist verschwunden.

VIERZEHN

Ein paar Tage nach dem Kuss am Knochensee hatte ich mich mit der Dana im Burggarten getroffen, hatte versucht, ihr klarzumachen, dass dieser Kuss halt so passiert sei, und jetzt alles wieder so wie vorher sei, Kumpels halt.
Die Dana war anderer Meinung. Ich sähe das zu kompliziert, es sei doch eigentlich ganz einfach. Ich fand das überhaupt nicht. Das mit dem Kuss, das mit dem Händchenhalten, dass ich die Dana immerzu ansehen musste in ihrem olivgrünen Unterhemd, das war alles falsch gewesen. Aber die Dana wollte nicht verstehen, was daran falsch gewesen sein soll, daran sei doch nichts falsch, das sei doch alles richtig, ganz einfach, voll gut.
Nichts ist einfach.
Das hat die Dana nicht kapiert. Sie wollte unbedingt das Zeigen und Erwidern von Emotionen lernen. Das sollte jetzt zu ihrem Leben gehören und unbedingt mit mir wollte sie das üben. Ich aber wollte nicht. Ich glaubte ihr nicht, dass sie in mich verliebt war. Es ging ihr um was anderes.
Verklemmtes Arschloch, hat sie mich genannt.
Dann hat sie mich am Nacken gepackt und hat nochmal versucht, mich zu küssen. Ich habe mich gewehrt, habe sie weggeschubst und die Dana ist rückwärts in eine Brombeerhecke geflogen. Ich bin weggerannt.
Du Schisser, hat die Dana gerufen, du dummer Schisser.

Kurze Zeit später sah ich die Dana Hand in Hand mit dem Stefan Würth durch die Weilberger Fußgängerzone spazieren. Die Dana, von der Brombeerhecke noch immer Kratzer im Gesicht, wirkte unsicher in ihrem neuen Vierbeinerdasein. Dabei galt der

Würth, zwei Jahre älter als sie, Ausnahmetalent im American Football, als ein echter Hauptgewinn. Ein Talentscout hatte ihn gerade zu einem zweiwöchigen Trainingscamp an der Michigan State University eingeladen. Der Würth, von Haus aus mit reichlich Selbstbewusstsein ausgestattet, fühlte sich bereits wie ein Superstar. Ein paar Tage bevor er nach Amerika fliegen sollte, steckte der Würth sich aber zungenküssend bei der Dana mit der Grippe an und als die Footballtalente aus aller Welt in Michigan um ihren Platz im Team wetteiferten, lag er mit vierzig Fieber im Bett und fantasierte von der Dana als Weltraumhexe, die von einer fliegenden Schlange aus den Nordpol bombardierte. Er hat ihr die Schuld gegeben, hat im Fieberwahn behauptet, sie sei eine dumme Sau, die keine Rücksicht auf ihn genommen hätte, eine ganz dumme egoistische Amifotze sei sie, die ihn trotz schon aufziehendem Schnupfen verführt und damit seiner Zukunft beraubt hätte.
Ich hasse dich.
Die Dana schob es auf das Fieber, aber als der Würth, wieder gesund und munter, sie das nächste Mal anrief, wollte er sich nicht entschuldigen. Im Gegenteil, er sagte, er habe das alles ganz genau so gemeint, wie er's gesagt hätte und dann hat er Schluss gemacht. Die Dana hat sich bei mir ausgeheult.

FÜNFZEHN

Um fünf bei Tracey, jeden Tag. Auch heute.
Alice steht auf, als sie mich sieht, greift nach ihrer Tasche, nimmt den letzten Schluck aus ihrer Kaffeetasse, wischt sich Ketchup aus dem Mundwinkel, greift nach meiner Hand.
Komm, wir machen einen Ausflug.
Im Auto frage ich, wohin wir fahren.
Kannst Du schwimmen?
Ich nicke.
Zeigst du es mir?

Als Kind hat Alice mit ihren Eltern in einem Vorort von Houston, Texas gewohnt. Wenn man sich im Badezimmer auf die Toilette stellte und durch das kleine Fenster in Richtung Meer sah, konnte man ein kleines Zipfelchen Blau erkennen. Jedem Besucher, der das Haus erstmalig betrat, wurde der Miniaturausblick präsentiert und Alice erinnerte sich noch heute daran, wie stolz ihre Eltern, die aus Colorado kamen, darauf waren.
Die Familie liebte Tiere, beherbergte zwei Zwergpapageien, zwei Katzen und eine Jack-Russell-Dame namens Trixie. Ein richtiger kleiner Zoo.
Alice, noch nicht eingeschult, verbrachte die Vormittage mit ihrer Mutter und spielte am Nachmittag mit den älteren Kindern aus der Nachbarschaft, und wenn der Vater von der Arbeit kam, fuhren sie ans Meer, bauten Sandburgen, warfen für Trixie Bälle und Stöcke ins Wasser, sammelten Muscheln und Alice planschte in der Brandung.
Alice wollte schwimmen lernen. Ihre Eltern, beide aus den Bergen, wo das Wasser so kalt ist, dass einem die Füße abfrieren,

konnten es ihr nicht beibringen. Also meldeten sie sie beim Schwimmunterricht der Unitariergemeinde Downtown Houston an.

Es war der Tag der ersten Schwimmstunde. Alice und ihre Mutter hatten auf dem Weg bei einem Eisladen Halt gemacht, wo sich Alice für den Dollar, den ihr die Zahnfee ein paar Tage zuvor für ihren ersten ausgefallenen Milchzahn unter das Kissen gelegt hatte, gerade ein swimmingpoolblaues Eis gekauft hat, als das Auto ihres Vaters mit quietschenden Reifen vor dem Geschäft zum Stehen kam. Als er ausstieg, erschraken Mutter und Tochter über den blassen und verschwitzten Ehemann und Vater. Zunächst bemüht ruhig, bat er Frau und Kind einzusteigen. Alice weigerte sich.
Daddy sah so anders aus und verhielt sich auch ganz anders. Sein Hemd hing aus der Hose, die Krawatte gelockert, die Ärmel hochgekrempelt, tellergroße Schweißflecken unter den Achseln.
Machen wir einen Ausflug? Warum bist du nicht auf der Arbeit?
Halt den Mund, steig ein, hatte Daddy gesagt.
Alice war es nicht gewohnt, dass ihr Vater so mit ihr sprach. Sie weinte. Alice Mutter versuchte, ihren Mann zu beruhigen, fragte ihn, was los sei. Er sah sich die ganze Zeit hektisch nach allen Seiten um.
Steig ein, habe ich gesagt.
Er fuhr los, viel zu schnell, schimpfte, schrie andere Autofahrer an. Was war bloß los mit ihm?
Alice weinte immer noch.
Das leuchtend blaue Eis schmolz langsam in ihrer Hand und hinterließ eine blaue Pfütze auf den Sitzen von Daddys neuem Wagen. Daddy schrie sie an, ob sie nicht aufpassen könnte. Alice weinte noch mehr und das Eis tropfte immer weiter. Ihre Finger verkrampften, zerdrückten unabsichtlich die Waffel, und was von dem Eis noch übrig war, landete auf ihrem Kleid. Erschrocken

schob Alice die kalte, blaue Matsche von ihrem Schoß auf die weißen Wildlederbezüge.
Daddy schrie sie an, er würde sie umbringen.
Er hielt an, riss die Tür auf, nahm ihr das Eis weg, zog ihr das Kleid über den Kopf, warf es auf die Straße, Alice schrie ihn an, es war ihr Lieblingskleid, und er gab ihr eine Ohrfeige.

Alice biegt in einen Waldweg, parkt, wir steigen aus.
Sie nimmt mich an der Hand.
Augen zu!
Ich mache, was sie sagt, lasse mich von Alice führen. Moskitos schwirren, Vögel schreien.
Augen auf!
Vor uns ein See, Trauerweiden am Ufer, Abendrot.
Beautiful.

Alice Mutter hatte die ganze Zeit wie versteinert auf dem Beifahrersitz gesessen und kein Wort gesagt.
An ihrer bleiernen Schweigsamkeit änderte sich auch nichts, als der Vater bei einem Gebrauchtwagenhandel mit bunten Wimpeln und flirrenden Bändern hielt. Stumm und reglos blieb sie sitzen, während ihr Mann mit dem Autohändler feilschte. Nach einigem Gezanke, Betteln und Beschimpfungen drückte der Autohändler ihm ein Bündel mit Scheinen in die Hand. Daddy kam zurück zum Auto.
Los, aussteigen.
Die Familie tauschte ihre nagelneue Limousine mit Sonderausstattung gegen einen alten, rostigen Pick-up und fuhr zu dem kleinen Haus mit Meerblick. Alice wollte sich abschnallen und aussteigen.
Nein! Du wartest.
In Unterhosen blieb sie im Auto sitzen. Vater und Mutter verschwanden im Haus und rafften Wertsachen, Kleider und Spiel-

zeug für Alice zusammen. Sie ließen die Papageien frei und nach kurzer Diskussion kippte Alice Vater Trixie eine Dose Hundefutter auf den Küchenboden und schoss dem kleinen Hund, der sich sogleich über die unerwartete Mahlzeit hermachte, aus nächster Nähe in den Hinterkopf. Alice zuckte zusammen, als sie den Knall hörte und war erleichtert, als Vater und Mutter scheinbar unversehrt mit Plastiktüten, Koffern und Rucksäcken beladen, wieder aus dem Haus gerannt kamen. Daddy hatte rote Spritzer auf dem Hemd, stopfte den Kofferraum voll, keuchte und fluchte dabei ohne Unterlass. Alice fragte nach Trixie.
Trixie geht es gut.
Wo fahren wir hin?
Die Eltern schwiegen.
Wo fahren wir hin?
Schließlich fand Alice Mutter ihre Sprache wieder, ton- und kraftlos sagte sie:
Wir fahren in die Ferien.

Alice wirft ein Stöckchen ins Wasser. Das war es, es gibt nichts mehr zu erzählen, und ich weiß nicht, was ich sagen soll.
Wollen wir schwimmen?
Alice schüttelt den Kopf.
Nicht heute.
Langsam steht sie auf und zieht sich an.
Komm, ich bring dich zum Motel.

SECHZEHN

Hundertdreizehn Dollar und 25 Cent.
Scheiße.
Alice kramt in ihren Hosentaschen. Die Kassiererin klappert ungeduldig mit ihren knallorangenen Fingernägeln auf der Kasse. Der Einkaufswagen quillt fast über, voll mit Fertiggerichten, Süßigkeiten, Dosenbier und Limonade.
Alice dreht sich zu mir um:
Scheiße, hast du Geld?
Die Kassiererin rollt mit den Augen, greift schon nach dem Stornoschlüssel, murmelt etwas Verächtliches.
Ich gebe Alice zwei Hunderter. Große Erleichterung auf beiden Seiten der Kasse. Ich bekomme einen kleinen Kuss als Dankeschön, werde rot, packe die Einkäufe in Plastiktüten, Alice steckt das Wechselgeld in ihre Hosentasche.
Eigentlich trinke ich nicht, sagt Alice während sie vier Sixpacks aus dem Einkaufswagen in den Kofferraum befördert.
Aber wenn, dann richtig.
Bereits im Auto macht sie ihre erste Dose auf, klemmt sie zwischen die Beine, zündet sich eine Zigarette an. Wir biegen von der Landstraße in eine Art Waldweg, eine Huckelpiste, Alice tritt aufs Gas, wie Gummibälle hüpfen wir auf unseren Sitzen. Alice juchzt, ich stoße mir den Kopf.
Aua, sage ich.
Komm, sagt Alice, ich zeig dir, wo ich wohne.

Wenn du nicht als alte Jungfer enden willst, musst du wohl oder übel Initiative ergreifen, hat die Dana mal gesagt.
Dabei war ich gar keine Jungfer mehr, das wusste sie doch.

Die dreieinhalb One-Night-Stands zählen nicht. Hast dich doch eh nur abschleppen lassen, weil du zu besoffen warst.
Die Dana kann unglaublich fies sein, findet, ich verschwende meine Jugend, wenn ich mich nicht ein bisschen austobe.
Sei nicht immer so vorsichtig. Wovor hast du Angst?
Ich habe keine Angst.

Spinnenweben im Gebälk, fahles Licht scheint durch ein kleines Fenster, mein Kopf tut weh. Unter dem Fenster ein Regal mit Kassettenrekorder, ein paar Bücher, ein Aschenbecher. Ich liege auf einem abgewetzten Ledersofa, neben mir Alice auf einer Matratze im türkisfarbenen Schlafsack. Sie schläft. Mein Blick wandert über den Boden. Dreizehn leere Bierdosen, Zigarettenkippen. Vor Alice Bett liegen ihre Klamotten, ich bin vollständig angezogen.
Leise rolle ich mich vom Sofa und setze mich ans Fußende der Matratze. Alice Mund ist geschlossen, die Augäpfel bewegen sich hinter den Lidern, der Kratzer unterm Auge, fast verschwunden.
Mit unsicherem Stolz, Einkaufstüten in beiden Händen, hatte sie mir ihr Zuhause präsentiert.
Ich habe aufgeräumt!
Sie zeigte in eine dunkle Ecke der Scheune, in der sie ein halbes Dutzend Müllsäcke ordentlich gestapelt hatte.
Für dich!
Ich fühlte mich unwohl, machte mir ein Bier auf, trank es aus, nahm mir ein neues.
Cool. Danke.
Hier wohnte Alice. In einer windschiefen Scheune, in einer Bretterbude.
Gefällt es dir?
Alice hatte den Besitzer in der Bowling Alley kennengelernt, wo sie manchmal an der Bar aushilft.

Der Typ sagt, er heißt Joe Miller, bin mir ziemlich sicher, dass das nicht sein richtiger Name ist.
Daddy, denke ich, zucke innerlich zusammen, lasse mir nichts anmerken.
Wie kommst du darauf?
Menschen, die ihre wahre Identität nicht preisgeben wollen, nennen sich so: Joe Miller oder Jack Smith oder Bill Jones. Namen, die so weit verbreitet sind, dass man hinter ihnen unsichtbar wird.
Interessant.
13 624 Joe Millers gibt es in den USA. Ich weiß es noch. 13 624 Unsichtbare. Wieso sollte ausgerechnet dieser Joe mein Vater sein?
Weißt du, wo er wohnt?
Alice hatte den Kopf geschüttelt.
Er ist nur ab und zu geschäftlich in der Gegend.
Ich streichele Alice Fuß, am Knöchel hat sie eine kleine Tätowierung. Ein verblichenes Hanfblatt. Sie hustet, hebt die Hand, reibt sich die Nase, die Fingernägel dreckig, dreht sich weg, bewegt sich aus dem noch schwachen Sonnenlicht, fällt fast von der Matratze. In der Ecke bei den Müllsäcken höre ich Mäuse rascheln. Spucke tropft aus Alice Mund.

Wir hatten uns jeden Tag getroffen. Sie hatte mir die Gegend gezeigt und sich dann von mir zum Essen einladen lassen, vier Mal hatte ich sie ins Motel geschmuggelt, damit sie sich waschen konnte.
Meine Dusche ist kaputt, hatte sie gesagt.
Alice schlägt die Augen auf. Hier gibt es gar keine Dusche.
Guten Morgen, krächzt sie.
Mir ist schlecht. Ich versuche, zu lächeln.

Die Dana unterstellte mir, ich würde auf die große Liebe warten, sagte, meine Vorstellung von romantischer Zweisamkeit sei ge-

prägt von kulturindustriellem Romantikschrott aus Hollywood. Wie ein zwölfjähriges Mädchen würde ich mir die Liebe vorstellen, würde darauf warten, dass ein Traumgirl kommt, mir in die Augen sieht und dann fliege ich auf Wolke sieben durch ein Meer von Geigen.
Aber so läuft es nicht, Christian.
Stimmt, so läuft es nicht. Die Geschichte ist eine andere: Das Traumgirl ist obdachlos. Und ich? Dreiundzwanzigtausend Mark habe ich noch. Kann ich damit Alice Leben retten? Will ich das? Aus der Sofaritze kramt Alice eine Packung Kopfschmerztabletten, greift nach einer offenen Bierdose, schüttelt prüfend, legt sich zwei Tabletten auf die Zunge, spült sie mit dem warmen, schalen Bier herunter, rülpst. Wie viel Uhr ist es?
Ich sage es ihr.
Scheiße.
Alice hat einen Termin.
Scheiße, Scheiße.
Alice springt auf, panisch, in Unterwäsche, sich die Haare raufend, sich selbst verfluchend.
Scheiße, Scheiße, Scheiße.
Sie rennt zu den Müllsäcken, zieht etwas raus, zieht es an.
Halt mal.
Sie drückt mir einen kleinen Spiegel in die Hand, schminkt die Augen, schminkt die Lippen, schnell, geübt, kämmt die Haare, kratzt den Dreck unter den Nägeln weg, steckt sich einen Kaugummi in den Mund, und fragt:
Wie sehe ich aus?

Mit quietschenden Reifen biegt Alice auf die Landstraße, das alte Auto schaukelt hin und her.
Was ist das für ein Termin?
Sie antwortet nicht.
Sehen wir uns nachher?

Heute nicht.
Alice hält auf dem Parkplatz des Supermarktes.
Kann ich dich hier rauslassen?
Ich frage, ob alles in Ordnung ist.
Nein, aber sie will es nicht sagen, ich soll nicht nerven, sie muss los, sie fragt nach Geld. Ich gebe ihr noch einen Hunderter.
Hast du noch mehr?
Nein, lüge ich.
Alice gibt mir einen raschen Kuss.
Morgen kriegst du es wieder.
Ich drehe mich um, will gehen.
Hey!
Alice ruft mich zurück.
Gestern Abend, das war schön.
Dann ist sie weg.

SIEBZEHN

Hast du noch mehr?
Alice hat keine Wohnung, kein Geld, dreckige Fingernägel und jede Menge andere Probleme.
Hast du noch mehr?
Sie will mich ausnehmen, dann abservieren. Kennt man aus Büchern, kennt man aus dem Fernsehen. Wieso diese Warnungen nicht ernst nehmen? Verkatert und irritiert schlurfe ich zum Motel. Ich werde packen, die Stadt verlassen. In meinen Gedärmen wütet das Dosenbier, ich hasse Amerika.
Nichts wie weg. Dieser Alice ist alles zuzutrauen. Die würde mich auch umbringen für dreiundzwanzigtausend Deutsche Mark. Hat mich verarscht. Abgezogen. Hat bestimmt 'ne Knarre. Ich rechne. Burger mit Pommes für zehn Dollar, eine Tankfüllung – dreißig Dollar, Pizza – acht Dollar, der Einkauf, der Hunderter, macht zusammen ... viel zu viel.
Eine Stunde später liege ich heulend auf dem Hotelbett. Alice soll kommen, duschen, sich meine Sachen anziehen, sich neben mich legen, soll einen Joint rauchen, Pizza mitbringen.
Nachts in der Scheune hatte ich sie gefragt, ob sie mit mir die Stadt verlässt, ob sie Lust hat, mitzukommen, ein oder zwei Wochen, oder mehr, solange wie sie will und kann. Ist doch nichts dabei.
Ja, ich will, hatte Alice feierlich gesagt, gerülpst und mir einen Dosenring über den Finger gesteckt. Ich hatte das ernst gemeint. Ich wollte, dass sie mit mir kommt.

Übernächtigt und verunsichert hatte ich vor dem Schaufenster eines Schreibwarenladens in Chicago gestanden und mich erinnert,

dass ich in meiner Kindheit ein fleißiger Briefeschreiber gewesen war, bekam Lust wieder einer zu werden. Ich kaufte Papier und Stift. Siebenundneunzig Dollar. Ich streiche über das Papier, glatt und edel, der Kugelschreiber verleiht mir etwas Staatsmännisches. Ich schreibe Alice einen Brief.
Ich halte es im Motel nicht mehr aus, packe Papier und Stift, mache mich auf den Weg zu Tracey's, entlang der Straße, durch die staubige Hitze des frühen Nachmittags. Mein T-Shirt klebt am Rücken. Vorbei an hupenden Autos, Wohnviertel, Leerstand, Luxus, Parkanlagen ohne Bäume, Graswüsten, Tankstellen, Geschäfte, Restaurants, Menschen.
So früh?
Tracey putzt Fenster, wundert sich. Es ist kurz nach drei.
Ganz ohne Alice?
Der Laden ist so gut wie leer.
Ja.
Ich bestelle Apfelkuchen und Kaffee.
In zwei Stunden kommt sie.
Bei Tracey's. Jeden Tag. Um fünf.
Alice ist zuverlässig. Aus der Küche dröhnt Gelächter, die Kaffeemaschine zischt. Ich will Alice einen Brief schreiben. Im Radio laufen Nachrichten, Traceys Fensterabzieher quietscht traurig.
Drei Polizisten sitzen am Tresen. Ich bin nervös. Nur noch zwei Stunden.

Statt Alice schreibe ich dem Franz.
Ich schreibe, wie beschissen es für mich läuft, wie dumm ich mich anstelle, was für ein Vollidiot ich bin, haue mich eine Seite lang selber in die Pfanne, Auto geklaut, Heimweh, eben überall die gleiche Scheiße. Ich schreibe einen Brief, nach dessen Lektüre der Franz sich fühlen kann wie ein Beherrscher des Lebens, wie einer, der alles richtig macht, weil er gar nichts macht. Ich schreibe dem Franz, was er hören will.

Grüß den Mitch.
Kein Wort über Alice.

Fünf vor vier, ich hole mir eine Zeitung vom Tresen. Am Wochenende ist eine Tanzveranstaltung mit BBQ. Ob Alice mit mir dahin geht? Arm in Arm? Laut Dana bin ich ein passabler Tänzer. Wir waren zusammen beim Fortgeschrittenenkurs, das Foto vom Abschlussball, beide in Abendgarderobe, steht noch immer auf dem Telefonschränkchen meiner Mutter.

Statt Alice schreibe ich der Dana.

Fast immer waren es Mädchen, die mittels Kleinanzeige um Hilfe baten, weil ihr Briefkasten verhungerte. Ich griff zu Papier und Stift, bot Hilfe an. Ich bekam höfliche Antwortbriefe in Schönschrift. Sie begannen mit Aufzählungen von Familienmitgliedern, Hobbies, Haustieren und Berufswünschen, endeten mit der ernüchternden Einschätzung, dass ich zwar sehr nett schreiben würde, dass man sich eine Freundschaft, sei es auch nur in Briefform, mit einem Jungen aber nicht vorstellen konnte.

Großer Pkw-Gebrauchtmarkt auf der Festwiese am Sonntag. Am Samstag Tanz, am Sonntag Autokauf? Wenn Alice mit mir kommt, brauche ich kein Auto. Alice Kombi ist so groß, dass man drin schlafen kann. Sie hat ein ganzes Jahr in diesem Auto gewohnt, hat sie erzählt.
War kein Problem.
Ein ganzes Jahr im Auto, und gemerkt habe ich mir:
Kein Problem.

Ich schreibe der Dana, was sie hören will. Dass ich wie immer nichts checke.

Fünf nach fünf, sie verspätet sich ein bisschen. So was passiert.

Kein Wort über Alice.

Na, hat sie dich versetzt?
Traceys Stimme, aus der anderen Ecke des Ladens.
Ich gucke auf die Uhr.
Halb sechs.
Sie kommt bestimmt gleich.
Aber Alice kommt nicht mehr.

ACHTZEHN

Beim Einzahlen der Tageseinnahmen aus ihrem Orthopädiegeschäft übergab die Frau Wiegand meiner Mutter eine an mich adressierte Einladung zur Geburtstagsfeier ihrer Tochter Sina.
Oh. Da wird der Christian sich aber freuen.
Auf Drängen eines neuen Nachbarmädchens hatte die Sina Wiegand sich überwunden und auch mir, dem sie bislang nur mit Desinteresse und Verachtung begegnet war, im Jugendkunstkurs am Frankfurter Städel eine Einladungskarte gebastelt. Das Nachbarmädchen, deren Eltern ein Ferienhaus mit Pool in Florida besaßen, fand mich goldig, wollte mich gerne kennenlernen, und die Sina wollte doch so gerne mal nach Florida.
Meine Mutter ahnte, dass ich weder freiwillig noch unter Druck auch nur einen Fuß ins Haus der Wiegands setzen würde. Jedoch fühlte sie sich wegen der Gleichzeitigkeit von Einzahlung und Einladung geradezu verpflichtet, meine Anwesenheit bei der Feier zu garantieren. Sie sagte, wir würden auf den Friedhof gehen, zum Grab vom Großonkel, Blumen gießen, Hallo sagen. Ich sollte mich sauber anziehen, mich kämmen, weil man das so macht, aus Pietät. Sie hatte mir sogar eine neue Hose gekauft.
Als wir am Haus der Wiegands vorbeikamen, schubste meine Mutter mich zur Haustür, ich stolperte, sie klingelte und hielt mich gleichzeitig am Kragen fest.
Was machen wir hier?
Ist eine Überraschung.
Aus ihrer Tasche zog sie ein rosa Päckchen mit gelber Schleife und als Sinas Mutter die Tür aufmachte, ließ sie mich los und drückte mir das Geschenk in die Hand.
Ach, du bist bestimmt der Christian.

Die Frau Wiegand schüttelte uns beiden die Hand, meine Mutter flötete in ihrer Sparkassenstimme ein paar Komplimente über Haus und Garten, gab mir, was sie sonst nie tat, einen Abschiedskuss.

Ich hasste meine Mutter. Später sagte sie, sie hätte es nur gut gemeint, hätte gewollt, dass ich diese Chance nutze.

Chance?

Sie meinte die Chance, andere Freunde zu finden, nicht immer nur der Franz und der Mitch. Die hätten doch nichts in der Birne. Frau Wiegand begleitete mich hoch auf Sinas Zimmer, wo die anderen zehn Gäste zusammengeknäult bei Kerzenschein und Kuschelrock zu finden waren. Einige der Mädchen saßen auf dem Schoß eines Jungen, wegen der aufregenden Enge, um Interesse zu demonstrieren, um später in der Schule erzählen zu können, der und der hätten beim Schoßsitzen einen Steifen bekommen, dass man das hätte genau spüren können. Das Nachbarmädchen saß auf dem Schoß vom Stefan Würth, die Sina saß halb auf, halb neben dem dicken Frank Neumann und sah mich düster an. Der Würth sagte:

Na Spasti!

Es fiel eine Bemerkung über meine neue Billigjeans und die Sina bedankte sich für mein Geschenk, es sei das beschissenste, was sie gekriegt hätte. Meine Mutter hatte ein Lustiges Taschenbuch und drei Rubbellose gekauft. Die Sina sagte, sie hätte erwartet, was aus Amerika zu bekommen. Ich sei doch Amerikaner, oder? Alle lachten. Sie trugen Levis Jeans und Chucks. Ich sagte, das nächste Mal würde ich eine Flasche Ketchup mitbringen. Die Sina sagte, ich solle die Fresse halten.

Hey Christian, guck mal, rief der Würth und ich sah, wie seine Hand unter das T-Shirt des Mädchens glitt. Er sah mir in die Augen, als seine Finger ihre Brust erreichten. Das Mädchen hielt den Atem an, alle sahen dabei zu, was der Würth da machte, seine Freunde fingen an zu johlen und ihn anzufeuern.

Ich konnte mich nicht bewegen, so sehr schämte ich mich, und die ganze Zeit sah der Würth mich an, bis das Mädchen schließlich langsam aufstand und den Raum verließ. Der Würth und seine Freunde klatschten sich ab, die anderen Mädchen nannten die Missbrauchte eine Nutte.
Genauso hab ich's bei der Dana auch gemacht, sagte der Würth.
Arschloch, sagte ich leise, nahm meine Jacke und ging. Das Mädchen saß auf der Treppe und kaute Fingernägel, sie hatte Tränen in den Augen und fragte, ob ich sie nach Hause bringen würde. Sie wohnte nur drei Häuser weiter. Wir redeten nicht. Ohne mich anzusehen, bedankte sie sich und verschwand im Haus. Dann bin ich zum Onkel auf den Friedhof, ihm meine neuen Hosen zeigen.

NEUNZEHN

Die Bar, in der ich einen Fünf-Dollar-Schein in Kleingeld wechseln lasse, heißt »The Drunken Wizard«. Der Fußboden klebt, Rauchschwaden in der Luft, an den Wänden lateinische Zaubersprüche, Bilder von Hexen und Magiern mit riesigen Bierkrügen. Der Barkeeper ist mindestens achtzig und sieht aus, als hätte er den Laden seit Jahrzehnten nicht verlassen. Ich bestelle einen Kaffee. Zitternd löffelt der Alte Instantpulver in eine Tasse und füllt sie mit heißem Wasser aus der Leitung auf. Ich zünde mir eine Zigarette an, frage nach einem Münztelefon, der Alte zeigt in Richtung Toilette.

Ich hatte überall nach Alice gefragt, im Supermarkt, auf der Post, in allen Bars, in allen Geschäften, hatte Menschen auf der Straße angesprochen. Niemand hatte sie gesehen. Die meisten kannten sie überhaupt nicht. Ich war sogar bei Geoff auf dem Polizeirevier gewesen:
Das Mädchen, das zwei Tische weiter saß, als ich mit dir bei Tracey's war.
Geoff zuckte mit den Schultern.
Das Mädchen mit dem Buch.
Geoff nahm mich sanft zur Seite, fragte, ob ich ein Glas Wasser und eine Baldriantablette wollte, oder einen Whiskey, er fragte, ob er sonst etwas für mich tun könnte.

Ich muss dringend mit jemandem reden, werfe vier Quarterdollars in den Schlitz, wähle meine Frankfurter Nummer. Niemand antwortet. Mali und José schlafen noch, sind vielleicht gar nicht zu Hause. Ich drücke kurz auf die Gabel, überlege. Die Dana?

Nein, nicht wegen Alice. Mir fällt nichts anderes ein, als im Gallus anzurufen.
Nach dem ersten Klingeln hebt der Mitch den Hörer ab.
Hallo?

Sechs Tage lang bin ich zwischen Motel, Scheune und Tracey's Grub Station hin und her gelaufen und getrampt.
Nachrichten für mich?, fragte ich im Motel.
Alice?, rief ich, wenn ich an die verschlossene Scheunentür klopfte.
War sie hier?, fragte ich bei Tracey's, so oft, bis ich schließlich Hausverbot bekam.
David, der Koch, war mir hinterhergelaufen, nachdem Tracey mich des Lokals verwiesen hatte.
Sieh es ein, Junge. Alice ist weg.

Der Mitch wirkt weder besonders erstaunt noch erfreut. Er wollte gerade mit dem Hund raus. Hat es irgendwie eilig.
Was gibt's?
Ich stammele rum, sage, es würde nicht so gut laufen, erzähle, dass mein Auto geklaut worden sei, ich gerade so eine dumme Geschichte mit einem Mädchen hinter mir hätte.
Stille.
Mitch, bist du noch da?
Der Hunde bellt, der Mitch schimpft leise.
Mitch?
Ich höre den Mitch atmen, höre ein leises Winseln.
Mitch? Alles in Ordnung?
Ja, ja, alles in Ordnung. Christian … meine Großeltern … die Stimme vom Mitch zittert komisch. Das kenne ich gar nicht.
Ja? Was ist mit deinen Großeltern?
Der Opa und die Oma.
Ja?

Ich werfe Geld nach.
Die sind tot.
Was?!
Der Mitch schluchzt und ich lasse ihn zwei Dollar fünfundzwanzig lang weinen.

David hatte Recht. Alice war weg, und das Beste für mich war, nicht mehr darüber nachzudenken. Alice war erst der Anfang, ein Startschuss. So musste ich es sehen.
Hörst du, Dana: Jetzt geht es los. Jetzt wird ausprobiert, was das Zeug hält. Was soll das Geheule?
Morgen würde ich in die nächste Stadt fahren, mir die Nächste suchen. Ich würde mir auch so ein Köfferchen wie Dustin besorgen, 27 Girlfriends, das muss doch zu schaffen sein. Ich lief den ganzen Weg zum Motel, keine Alice, die einfach anhielt und mich mitnahm. Der Mann an der Rezeption schenkte mir ein Bonbon aus seiner Hosentasche und streichelte mir sanft über den Kopf.

Der Mitch erzählt zusammenhangslos, macht immer wieder Pausen, erzählt, dass die Großmutter wohl nachts, ohne dass der Großvater etwas mitbekommen hätte, einem Schlaganfall erlegen sei. Jedenfalls habe der Großvater, so hatte es die Polizei dem Mitch erzählt, seine tote Frau komplett ausgezogen und einfach im Bett liegen lassen, und noch so ein paar Sachen.
Was für Sachen?
Aber darüber will oder kann der Mitch nicht sprechen. Jedenfalls hatte der Großvater sich eine Woche später nackt in der Garage erhängt.
Wieso nackt?
Keine Ahnung, ist doch egal.
Die Nachbarn hatten den Mitch angerufen, weil in der Küche Tag und Nacht das Licht brannte. Das sei doch nicht normal.

Ich hab's genau gewusst und bin trotzdem ins Haus, ohne Bullen.
Das war so beschissen, Christian.
Aus der Großmutter seien schon die Maden gekrochen.
Mir wird schlecht. Ich weiß nicht, was ich sagen soll, außer, dass es schrecklich sei, dass es mir leid tue. Ich frage, wann das alles passiert ist.
Zwei Tage nachdem du geflogen bist.

Nach dem Frühstück hatte ich mich bei meinem Freund an der Rezeption verabschiedet. Er bedauerte mein Fortgehen sehr, gab mir, vollkommen unvorbereitet auf meinen Abschied, ein angebrochenes Päckchen Zigaretten mit Vanillearoma, begleitete mich zum Ausgang, blieb vor dem Motel stehen und winkte so lange, bis eine Familie mit Hund anhielt und mich in die nächste Stadt mitnahm.

Der Mitch hat sich beruhigt, seine Stimme klingt wieder wie immer, leicht genervt. Nach dem Gespräch wird es ihm peinlich sein, dass er sich so hatte gehen lassen. Er sagt, dass das alles auch sein Gutes hätte.
Aha, und was soll das sein?
Das Haus gehört jetzt ihm, das Auto vom Opa auch, das Konto vom Opa auch.

Der Opa vom Mitch hatte in der Brusttasche immer ein Päckchen Reval ohne Filter. Als wir dreizehn waren, hat er uns zum ersten Mal eine angeboten.
Rauchen macht Haare auf der Brust, hat der Opa gesagt, gelacht und beim Lachen ganz fürchterlich gehustet.
Der Franz hatte als Einziger tapfer seine Reval zu Ende gepafft und den Opa nach der Baumwollplantage gefragt, auf der er in Kriegsgefangenschaft gearbeitet hatte. Der Opa hat zum Franz gesagt, dass es sehr harte Arbeit gewesen sei, vor allem wegen

der Hitze. Der Franz nickte wissend mit schmerzverzerrtem Gesicht, als wüsste er genau, wovon der Opa spricht.
Auch seine Vorfahren, und damit meinte er natürlich die Familie seines Vaters, hätten als Sklaven Baumwolle pflücken müssen.
Der Opa sagte: Wie einen Sklaven haben die Amerikaner mich aber nicht behandelt. Im Gegenteil, die waren gut zu mir. Sehr gut sogar.
Der Opa vom Mitch war gerade mal fünfzehn, als er in Kriegsgefangenschaft kam. Die Amerikaner hätten ihn, weil er noch ein Kind war, am Wochenende öfters zu Baseballspielen oder Barbecues mitgenommen, hätten ihm Kleidung und Süßigkeiten geschenkt.
Und dann tut einer von denen unserer Regine so was an, sagte er leise, rieb sich die Wange, und fuhr fort:
Bei den Soldaten, den Deutschen, da waren erwachsene Männer, Franz, der Opa riss die Augen auf und fuchtelte mit den Händen, da will ich nicht, dass du so einem begegnest. Es gibt so Leute wirklich. Der Opa rang mit den Worten. Schlimm. Schlimme Menschen.
Wütend hatte der Opa seine Kippe auf den Boden geworfen und ausgetreten.
Und jetzt geh spielen, hat er zum Franz gesagt, der von der Reval schon ganz grün im Gesicht war.

Der Mitch sagte, dass die Carola, jetzt wo er ein eigenes Haus und ein bisschen Geld hat, zu ihm nach Weilberg ziehen wird.
Die Carola hatte ich schon vergessen. Ich frage ihn, wie es zwischen den beiden läuft.
Gut.
Allerdings hatte der Mann von der Carola alles rausbekommen und wollte sich vielleicht scheiden lassen. Vorher sei er aber mit ihr in die Karibik geflogen in ein Luxushotel, damit sie in Ruhe über alles reden können. Die Carola hätte keinen Bock gehabt,

hatte sich aber schuldig gefühlt und sei deswegen mitgefahren. In zwei Wochen würde sie zurück sein, dann würde sie zu ihm kommen und dann wäre alles gut.
Und der Franz?
Dann ist das Kleingeld alle.

Ich gehe zurück an die Bar, bestelle einen Schnaps. Die Carola wird nicht mehr wiederkommen, das weiß der Mitch noch nicht, aber ich weiß es. Ich weiß auch schon, wer an ihrer Stelle mit ihm ins Haus der Großeltern ziehen wird. Der Gedanke, dass bald der Mitch und der Franz wie ein altes Ehepaar das Depressionsgehäuse der Großeltern bewohnen würden, führt zu Beklemmungen und Freiheitsdrang.
Ich muss raus aus diesem dunklen Loch, brauche Sonne, brauche Luft. Vielleicht sollte ich mir ein Zelt kaufen. Ein Abenteuerurlaub ist vielleicht das Richtige. Trampen, wandern, zelten. Andere machen das jeden Sommer in wesentlich gefährlicheren Ländern. Der José war mal drei Monate zu Fuß in Laos unterwegs, nur mit Hängematte und Zahnbürste.
War cool, hat er gesagt, voll easy.
Danas Mitbewohnerin war nach dem Abi für ein ganzes Jahr in Mexiko und hat am Strand geschlafen.
War kein Problem, hat sie gesagt, machen alle so.
Gleich heute kaufe ich mir ein Zelt.

ZWANZIG

Als Alice ihren Wagen um zwanzig nach sieben auf dem Parkplatz des Fischereivereins zum Stehen brachte, war Joe Miller gerade dabei, einen riesigen Katzenfisch auf die Ladefläche seines Pick-ups zu hieven. Er drehte sich kurz um, grinste, winkte, und nachdem er das Tier mit zwei Spanngurten fixiert hatte, kam er breitbeinig in ihre Richtung. Obwohl sie zu spät war, hatte er gute Laune.
Hast du den Fisch gesehen?
Er war stolz.
Dreieinhalb Monate wohnte Alice schon in seiner Scheune. Als sie damals an der Bar der Bowling Alley ins Gespräch gekommen waren, hatte er auf väterlichen Typ gemacht, hatte ihr angeboten in der Scheune zu wohnen, mietfrei.
Ab und zu komme ich vorbei.
Joe zwinkerte ihr zu.
Um nach dem Rechten zu sehen.
Er leckte sich den Bierschaum vom Mund.
Am nächsten Abend kam Alice erschöpft und untertzuckert von einer zwölfstündigen Schicht als Erntehelferin zurück, als sie Joe betrunken fluchend dabei erwischte, wie er sich an dem Vorhängeschloss der Scheune zu schaffen machte.
Was soll die Scheiße?
Er versuchte, sie zu küssen.
Beruhig dich, Süße. Wir sind doch Freunde. Du magst mich doch.
Alice rammte ihre Stirn gegen sein Nasenbein. Blut spritzte, Joe fiel um, Alice ging in die Scheune, nahm einen Schluck Whiskey aus der Flasche, holte ein altes T-Shirt, gab es Joe, um damit die Blutung aufzuhalten, dann brachte sie ihn ins Krankenhaus.

Nur ein paar Tage später stand Joe, die Nase krumm und stark geschwollen, wieder vor dem Scheunentor. Diesmal wollte er Geld. Alice hatte keines, sagte, es sei unfair, erst das eine, dann das andere zu sagen.
Heute mietfrei, morgen doch nicht – echter Arschlochstyle.
Okay, sagte Joe etwas geknickt. Der erste Monat ist geschenkt. Danach kommst du immer am 15. des Monats mit der Miete zum Fischereiverein. Um sieben Uhr. Verstanden?
Alice nickte. Joe kratzte sich am Bart.
Morgens beißen sie am besten.
Alice hakte nach:
Wie viel?
150 Dollar. Sonst fliegst du raus, Süße.

Zerrissene Fahnen flattern vor Nick's Outdoor Ranch, einem fensterlosen Flachdachbau, an dessen Außenwände grob geschliffene Baumstämme geschraubt wurden, damit der Eindruck entsteht, es handele sich um eine riesige Blockhütte. Eine Schiefertafel rechts der Eingangstür ist eng beschrieben mit Angeboten und Special Deals:
Zwei Packungen Munition beim Kauf einer Schrotflinte, fünf Gaskartuschen beim Kauf eines Campingkochers, eine Isomatte gratis zu jedem Zelt. Allein für das Betreten des Ladens wird man mit einer Tasse Kaffee belohnt. Unter der Tafel ein Trink- und ein Fressnapf, beide verkrustet, beide leer. Im Laden ist es dunkel, schemenhaft sind Umrisse von Zelten zu erkennen.
Hallo? Ist hier jemand?
Ich höre ein leises Klicken, und mit einem Mal gehen im ganzen Laden Lichter an, aus dem Dunkel tauchen Gestalten auf. Ich stoße einen kleinen Schrei aus, mache eine ruckartige Bewegung in Richtung Ausgang.
Sorry, ich wollte dich nicht erschrecken. Um Gottes Willen, Entschuldigung.

Ich drehe mich um, ein Mann mit grauem Vollbart und Baseballmütze bewegt sich aus einer Gruppe von Schaufensterpuppen heraus auf mich zu.
Lachend, beschwichtigende Gesten machend.
Willkommen in der Outdoor Ranch!
Du hast dir meinen Kaffee redlich verdient, sagt er, lacht, klopft mir auf die Schulter.
Sorry, Kumpel. Ich bin Nick.
Er müsse Strom sparen, deswegen die Dunkelheit, deshalb der Bewegungsmelder, deswegen der Schrecken.
Nick faltet zwei Campingstühle auf, stellt sie an einen Tisch.
Setz dich. Bin gleich wieder da.
Er verschwindet in einem kleinen Raum hinter dem Tresen. Ein Wasserkocher faucht, Tassen und Besteck klirren. Mit zwei großen Tassen, randvoll mit schwarzem Kaffee, kommt er zurück. Bei jedem Schritt schwappt die heiße Flüssigkeit auf seine Hände.
Nick wischt sie sich an der Hose ab, flucht, sagt, er sei ein alter Trottel.
Manche Sachen lernt man eben nie. Wie heißt du, mein Freund?
Er versenkt sechs Süßstofftabletten in seinem Kaffee.
Joe.
Joe? Der Name meines Vaters. Es kommt ganz einfach aus mir raus, ganz natürlich, fühlt sich nicht mal an wie eine Lüge.
Nett, dich kennen zu lernen.
Ich komme aus Deutschland.
Nick lacht, sagt, dafür könne ich nichts, alle kommen irgendwo her.
Er wackelt mit den Knien, steht wieder auf, geht hinter den Tresen, holt Corned Beef, Weißbrot, Ketchup, Käsescheiben, stellt sie auf den Tisch, redet über Sport und schmiert Brote. Was ich in seinem Laden will, scheint ihn nicht zu interessieren, er verhält sich, als wäre er mit einem alten Freund beim Camping.

Hier.

Er hat mir ein Sandwich gemacht, das genau wie Evis Spezial-Presskopf-Ketchup-Scheiblettenkäse-Brot schmeckt, das sie mir am Sonntagmorgen immer gemacht hat. Ich suche in Nicks Gesicht nach einer Eviähnlichkeit.

Das schmeckt nach zu Hause, sage ich.

Willst du noch eins?

Nick redet in einer Tour, erzählt von Baseballmannschaften, rekapituliert den bisherigen Verlauf der Saison, redet über einen toten Hund, irgendein College, Collegesport, irgendwelche Jungs, die übers Wochenende nach Hause kommen, gute Jungs, mit denen er Zeit verbringen will.

Er seufzt und sieht mich an, als sollte ich irgendein Problem für ihn lösen.

Noch eins?

Ja, bitte.

Nick redet immer weiter, immer schneller, immer lauter, ich wünschte, er würde still sein, und sich ganz der Sandwichproduktion widmen. Vor lauter Reden kommt er mit dem Schmieren und Belegen gar nicht hinterher.

Die Jungs, meine Jungs, an den Laden gefesselt, auch nachts ...

Ich höre ihm nicht richtig zu, tue nur so, mache Geräusche, die Zustimmung und Verständnis signalisieren, esse ein Sandwich nach dem anderen, stopfe den Evigeschmack in mich hinein. Auf der Suche nach Alice hatte ich fast nichts gegessen.

Nochmal sagt Nick:

Meine Jungs, in zwei Stunden kommen sie.

Ich schlucke den letzten Bissen ohne zu kauen runter und falle Nick ins Wort:

Danke für das Essen. Ich brauche ein Zelt, eine Isomatte, einen Schlafsack.

Siehst du, darüber wollte ich mit dir reden. Du scheinst doch ein vernünftiger und grundanständiger Junge zu sein.

Ja?
Nick druckst ein bisschen rum, fragt schließlich, ob ich mir vorstellen könne, heute in seinem Laden zu übernachten. Vielleicht sogar drei Nächte, fügt er schnell hinzu.
Der spinnt doch. Was will der von mir?
Jedenfalls, sei ja wie gesagt der Hund gestorben, der in der Nacht den Laden bewacht habe. Zwei Wochen sei das her, zwei Wochen lang hätte er an der Stelle des Hunds im Geschäft schlafen müssen. Er deutet auf das Körbchen, und ich stelle mir den zusammengerollten Nick vor, wie er da liegt und schnarcht.
Und jetzt, wo die Jungs vom College nach Hause kämen, würde er so gerne bei ihnen sein. Ganz hundig schaut Nick mich an, mit Bettelblick.
Ich könne in dem großen Zelt da hinten schlafen, der Kühlschrank sei voll Bier, der Vorratsschrank voll Essen, ein Gewehr hätte er auch, nur für den Notfall, der, zumindest bis jetzt, noch nie eingetreten sei. Aber hier draußen könne man nicht wissen, niemand kriegt was mit, und von dem einen auf den anderen Moment ist die Nicksche Existenz ausgeraubt und kaputt, die Jungs müssen vom College runter, alles aus und vorbei.
Klingt tragisch.
Was kriege ich dafür?
Zelt, Isomatte, Schlafsack.
Deal.

Das sind nur hundert.
Joe grinste sie an.
Den Rest bekommst du morgen.
Wieso morgen?
Joe streifte seine Hände an der Hose ab und kam näher.
Der fünfzehnte ist heute.
Alice spürte seinen Atem.
Ich sehe das so, Süße. Wer kein Geld hat, der zahlt in Naturalien.

Sein Mund war ganz dicht an Alice Ohr.
Sag, dass du mich liebst, Süße.
Er küsste ihren Hals. Er stank nach Fisch.
Alice ballte ihre Faust.
Ich liebe dich.

Es ist weit nach Mitternacht. Nicks Kaffee war viel zu stark, drei Tassen habe ich getrunken, bin immer noch ganz zittrig, übersäuert und hellwach. Ich sitze vor meinem Zelt und löffle Dosenchili aus Nicks Vorratsschrank, komplett in Camouflage gekleidet. Hose, Weste, Mütze, Boots, aus den Regalen, von den Ständern. Vor mir liegt das Notgewehr. Hinterm Haus hat Nick mir gezeigt, wie man damit schießt.
Naturtalent, hat er gesagt.
Ich weiß.
Ein Löffel Chili klatscht auf meine Hose.
Ich gehe in die Rumpelkammer hinterm Tresen, in der Spüle liegt ein Schwämmchen. Der Fleck ist weg. GI Joe weiß sich zu helfen. Ich sehe mich ein bisschen um in Nicks Büro mit Küchenzeile, öffne alle Schränke, wühle in den Schubladen von Nicks unaufgeräumtem Schreibtisch. Rechnungen, Dollarscheine, mexikanische Pesos, ein Dutzend Schlüssel, ein Arbeitsvertrag aus den Siebzigern. Ein Beutel Gras.
Ich mach ein Fenster auf und zünd mir einen an.
Ich puste Rauch in die Dunkelheit, Grillen zirpen, ich hole das Gewehr und baller drei Mal in die amerikanische Nacht.

Alice hatte Joe noch ein bisschen an ihrem Hals nuckeln und ihren Hintern kneten lassen, sogar ein bisschen gestöhnt hatte sie für ihn. Dann war sie, unter dem Vorwand ein Kondom zu holen, zum Auto gegangen, hatte den 38er Maulschlüssel, den sie für solche Fälle immer griffbereit hatte, aus dem Handschuhfach genommen und war, das schwere Werkzeug hinter dem Rücken

verborgen, zurück zu Joe gegangen, hatte ihm einen Kuss gegeben und gesagt:
Baby, dein Schuh ist auf.
Oh.
Joe bückte sich und der schwere Schraubenschlüssel landete krachend auf seinem Hinterkopf.
Aua, sagte Joe, dann sackte sein schwerer Körper auf dem Parkplatz des Fischereivereins zusammen. Alice spuckte ihm ins Gesicht, schlug noch mehrmals mit dem schweren Schraubenschlüssel auf Stirn und Schläfe, sah sich um, nahm das Geld aus Joes Portemonnaie, nahm die Autoschlüssel, ging zu Joes Auto und befreite den Fisch. Ein paar Handgriffe später lag Joe Miller, mit zwei Spanngurten gefesselt, bewusstlos auf der Rückbank von Alice Kombi.

Nachdem Alice bereits über hundert Meilen in Joes nagelneuem japanischen Auto mit Vierradantrieb hinter sich gelegt hatte, schlief sie für nur eine Sekunde ein, und der harte, graue Kaugummi, den sie die ganze Zeit über im Mund behalten hatte, rutschte ihr in die Kehle. Sie wachte auf, würgte, hustete, Kotze kam ihr hoch. Der Pick-up kam von der Rural Road 651 ab, Alice erschrak, drückte erst aufs Gas, dann auf die Bremse und setzte damit den Fisch in Bewegung, der sich von der Ladefläche erhob, durch die Heckscheibe krachte, die Fahrerkabine in Richtung Windschutzscheibe durchflog, um kurz hinter Alice, die sich wie immer nicht angeschnallte hatte, den Wagen durch selbige zu verlassen. Der Fisch oben, Alice unten, landeten sie auf weichem Moos.
Das hast du gut gemacht, sagte der Fisch und grinste, und Alice spürte, wie er langsam in ihr versank, langsam in ihr verschwand.

Ungefähr zwanzig Stunden später fand der Hund eines Spaziergängers das noch schwelende Wrack von Joes Pick-up hinter ein paar Büschen. Offensichtlich ein weiteres Opfer einer in dieser Gegend grassierenden Form des Vandalismus, die sich ausschließlich gegen japanische Autos richtete. Der Benzinkanister und die leere Schnapsflasche, die sich unweit der Brandstelle ausmachen ließen, schienen die Vermutung des Spaziergängers zu bestätigen. Doch schon gleich musste dieser seine gerade erst begonnene Untersuchung des Tatorts unterbrechen, weil sein Hund Chester, ein mexikanischer Straßenhund, bereits wieder anschlug. Lauter, heftiger als zuvor. Der Mann folgte dem aufgeregten Bellen und fand neben dem umherspringenden Hund den scheinbar leblosen Körper einer jungen Frau. Auf der Intensivstation des Krankenhauses, in das Alice von einem Rettungshubschrauber geflogen wurde, zog man ihr die Hosen aus, durchsuchte die Taschen und fand neben knapp zweihundert Dollar einen Führerschein, ausgestellt vor elf Monaten auf Alice Joan Miller, vierundzwanzig Jahre alt, geboren in Houston, Texas, wohnhaft in Anacortes, Washington. Als sie am Abend desselben Tages begleitet von heftigen Kopfschmerzen aufwachte, konnte sich Alice an nichts erinnern, fragte man nach ihrem Namen, schüttelte sie den Kopf. Auf die gleiche Weise beantwortete sie die Fragen nach Alter, Angehörigen, Beruf und Wohnort.

Es dauerte zehn Tage, bis man ihre Eltern ausfindig gemacht hatte. Alice Vater wusste nicht recht, was der Polizist am Telefon von ihm wollte. Alice war das einzige seiner vier Kinder, das alleine klarzukommen schien. Sie war erwachsen, sogar Unfälle überlebte sie.

Ihr Gedächtnis wird schon wiederkommen.

Liebe Grüße. Wiederhören.

Alice Mutter stand unter dem Einfluss von Stimmungsaufhellern und kalifornischem Rotwein, als sie dem Beamten am Telefon versprach, sofort zu kommen. Sie sagte, von sich selbst gerührt, dass sie Alice zu sich nehmen würde, gar keine Frage. Sie packte ihre Tasche. Chunky, ihr dreizehn Jahre jüngerer Boyfriend, fragte, wovon sie eigentlich die Reise bezahlen wollte, wo in diesem Drecksloch sie ihre Tochter hinstecken wollte. Er fragte sie, ob ihr jemand ins Hirn geschissen hätte.

EINUNDZWANZIG

Nick hat Donuts mitgebracht.
Good Morning.
Neben Nick stehen die Jungs, zweieiige Zwillinge, der eine heißt Albert, der andere Tony.
Wie in dem Witz, sage ich.
Welcher Witz?
Zwei Pfannkuchen laufen über eine Brücke, einer fällt runter, der andere heißt Tony.
Die Jungs gucken dumm, Nick muss lachen und verschluckt sich, ein Stück Donut fällt ihm aus dem Mund. Er schlägt dem schmächtigen, etwas zotteligen Albert so fest auf die Schulter, dass der ins Schwanken kommt. Sein Bruder Tony, ein glattrasierter Stier im Polohemd, schnaubt vor Entzücken. Breit und durchtrainiert, angriffslustig sieht er Albert zu, wie er die Brille zurechtrückt und das Siebzigerjahre-Hemd in die Achtzigerjahre-Hose fummelt. In dieser Familie sieht sich niemand ähnlich. Nick Donut, Albert Donut, Tony Diet Coke und Kaugummi. Tony ist eigentlich gar nicht hier, man sieht's ihm an. Er guckt sich um im Laden, betrachtet die Verwandtschaft, betrachtet mich, den neuen Wachhund, ist schon wieder auf dem Sprung. Irgendwie erinnert er mich an den Baumann. Er ermahnt den Vater, mal wieder staubzusaugen, durchzulüften, zu modernisieren, am besten gleich verkaufen. Halbherzige Anweisungen, die Nick einfach überhört. Tony mustert mich, wendet sich schnell wieder ab, spielt mit seinen Autoschlüsseln. Albert studiert Musik. Komposition. Nick schnappt ihn am Handgelenk, präsentiert die feingliedrigen Hände.
Albert hat einen Gig mit seiner Band, heute Abend.

Tony knurrt, sein Blick verrät, dass er bestimmt nicht zum Konzert seines Bruders kommen wird. Immer schneller kaut Tony auf seinem Kaugummi herum, lässt seinen Blick von Daddy, zu Bruder, zu mir huschen, kaut wie ein Wahnsinniger, zermalmt uns alle gedanklich zwischen seinen Kiefern.

Albert fragt, ob ich heute Abend den Roadie machen will.

Geht nicht, muss den Wachhund machen.

Geht doch, sagt Nick, die Show ist hier, hier im Laden.

Tony explodiert gleich, was für eine Schnapsidee, er will mit der ganzen Sache nichts zu tun haben.

Ihr spinnt doch alle, stapft davon, startet den Motor seines Stiermobils.

Klar mach ich den Roadie, sage ich.

Und den Barmann, sagt der Nick.

Yessir.

Und den Rausschmeißer.

Yessir.

Und den Aufräumer.

Yessir.

Fünfzig Dollar.

Yeah.

Wenn du Glück hast, GI Joe, bleibst du heute Nacht nicht allein in deinem Zelt. Die schönsten Mädchen aus der ganzen Gegend kommen.

Mit achtzehn hatte der Baumann von einem auf den anderen Tag vollkommen das Interesse an Amerika und der US-Army verloren. Er hatte beim Indie-Abend im Rennstall zwei Frankfurter Typen mit gefärbten Haaren kennengelernt, und die haben dem Baumann erzählt, die USA wären ein Unrechtsstaat, die Army eine imperialistische Mördermaschine und das hat er ihnen alles geglaubt. Derselbe Baumann, der seine ganze Kindheit und Jugend lang ein US-Marine werden wollte, fuhr plötzlich auf Demos nach Bonn, schrie »Kein Blut für Öl« und warf Farbbomben auf die amerikanische Botschaft. Der erste Golfkrieg hatte den Baumann voll erwischt. Trotzdem wollte er weiterhin unser Freund sein, wir seien ja gar keine echten Amerikaner, hatte er gesagt, und da hat der Franz sich vor Schreck eine Kippe auf dem Arm ausgedrückt und ist aufs Klo gerannt.

Die Outdoor Ranch platzt aus allen Nähten. Alle sind gekommen. Nick kommt mit dem Begrüßungskaffeekochen nicht mehr hinterher und lässt es deswegen lieber gleich. Albert und die Band stimmen ihre Instrumente, gleich geht's los. Ich stehe am Tresen und verkaufe Dosenbier an Minderjährige. Niemand kennt mich und ich kenne niemand, weil das so ist, schüttele ich jedem Neuankömmling brav die Hand.
My name is Joe, Joe, nice to meet you, I'm Joe.
Das also ist die Jugend der Umgebung.
Gehört Alice Scheune eigentlich noch zur Umgebung?
Die ganze Jugend.
Gehört Alice eigentlich noch zur Jugend?
Seit Nick mir erotische Zeltabenteuer in Aussicht gestellt hat, hoffe ich, dass sie kommt. Wieso sollte sie nicht kommen, die Scheune ist doch gerade mal eine halbe Stunde von Nick's Ranch entfernt?
Die Kasse klingelt, die Band legt los. Albert rockt. Die Band ist gut, sehr gut sogar, die Stimmung großartig. Was für ein Abend. Die Outdoor Ranch hat Potential. Nick sollte das öfter machen, nach Feierabend einen Musikclub betreiben, jeden Abend eine Band, jeden Abend Party. Mit mir hinter der Theke.
Wo ist Alice? Die muss kommen und das mit mir erleben.
Nick kommt und sagt:
Mach kurz Pause, sieh dir die Band an.
Ich erzähle ihm von meiner Idee, aber Nick winkt ab.

Nur für Albert, nur ausnahmsweise, weil der Monat schlecht war, weil bei einem Mal die Cops nichts sagen, weil es eine Ausnahme ist und bleiben soll.
Los jetzt, geh und tanz.
Albert spielt ein Solo und die Menge tobt.
Ja, cool, bis gleich.
Ich mische mich unter das Publikum. Wo ist Alice?
Sie muss doch hier sein. Alle sind gekommen. Gehört Alice wirklich nicht dazu? Ich frage ein paar Leute.
Hey, kennst du Alice?
Nein.
Ob sie mich wohl vermisst?
Du vielleicht?
Keine Ahnung.
Kennst du Alice?
Das Lied ist vorbei, Applaus, Gejohle, Klatschen.
Kennst du Alice?
Meinst du die Nutte aus der Scheune?
Was?
Ob du die Nutte aus der Scheune meinst?
Was, ich versteh dich nicht, es ist so laut.
Vergiss es.
Okay. Okay. Okay. Ich muss schnell an die Luft, muss raus hier. Nuttenscheune. Ganz schnell. Platz da. Hier kommt Joe, der an die Luft muss. So was wie Nuttenscheunen gibt es doch gar nicht. So ein Wort gibt es doch gar nicht.

Der Baumann hatte auch eine Band, bei der ich ein paar Mal der Roadie war und Freibier trinken durfte. Nur hat die Baumannband niemals illegale Konzerte in Outdoorläden gespielt, sondern mit Vertrag und ausgefüllter GEMA-Liste im Jugendzentrum der Stadt Weilberg, im Juz Bad Vilbel, im Juzi Bockenheim. Vor dem Konzert haben die Sozialpädagogen Pizza gebacken.

Nach drei Freibier haben sie gesagt, jetzt ist Schluss.
Tatsächlich war ich weiter heimlich mit dem Baumann befreundet geblieben, weil das Antiamerikanische, von dem der Baumann so begeistert war, mich anzog und reizte. Es schien ein möglicher Ausweg zu sein, aus der Amerikabesessenheit, die ich, dem Franz und dem Mitch zuliebe, künstlich am Leben hielt, die mich aber zunehmend langweilte, genauso wie der Franz und der Mitch mich langweilten. Ich war nicht wie die Dana, die das einfach sagen konnte und sich neue Freunde suchte. Ich brauchte Gründe, Argumente, Übergangslösungen, und die antiimperialistische Rhetorik, mit der der Baumann zu jeder sich bietenden Gelegenheit auf mich einquatschte, hatte Potential.

Die Jugend verschwindet in der Umgebung, aus der sie gekommen ist. Jungs und Mädchen, Hand in Hand, schlendern zum Auto, verschwinden in der Dunkelheit. Um Mitternacht ist außer Nick und mir niemand mehr in der Outdoor Ranch. Albert und die Band sitzen vor der Tür auf den Treppen, klampfen, rappen, lachen. Ich habe gefegt, gesaugt, Instrumente eingeladen, Müllsäcke voll leerer Bierdosen in den Container hinters Haus geworfen. Nur noch die Zelte wieder aufbauen und ich bin fertig.
Nick sieht mir zu, lobt meinen Fleiß, mein Geschick.
Der beste Mitarbeiter, den ich je hatte.
Dann klappt er die Lehne seines Bürostuhls zurück, fängt an zu schnarchen. Endlich, das letzte Zelt, mein Zelt, Schlafmatte, Schlafsack, Gewehr ans Kopfende, Feierabend. Alice ist nicht gekommen. Die Nutte aus der Scheune? So ein Blödsinn. Amerikaner sagen viel, wenn der Tag lang ist, fluchen, schimpfen unentwegt. Da war ein Mensch, der Alice kannte, und ich bin vor ihm weggerannt. Draußen schlagen Autotüren und Motoren heulen, die Band ist weg, Albert kommt zurück, deckt Nick mit einem Schlafsack zu, setzt ihm die Mütze ab, füllt eine halbleere Flasche Whiskey mit Cola auf, und sagt:

Komm mit, Joe! Ich zeige dir das Dach.

Das Zelt bleibt heute leer, GI Joe ist ausgebüchst, sitzt mit Albert auf dem Dach, redet, bis die Sonne aufgeht.

Vor zwei Jahren ist Albert von hier weggezogen, weg von Nick, weg von seiner Mom. Es kommt ihm vor wie eine Ewigkeit.

Weit gekommen bin ich nicht.

Nur zweihundert Meilen entfernt ist die Collegestadt, deren Namen ich zuvor noch nie gehört habe.

Dreihunderttausend Einwohner, davon die Hälfte Studenten. Wenn alle da sind, ist es toll. In den Semesterferien ist es trist und leer.

Das College für Komposition ist das beste im ganzen Land. Stolz in Alberts Stimme. Es wurde in den Siebzigerjahren von einer Gruppe Minimalkomponisten gegründet, mit dem Ziel, Hochbegabte aus einkommensschwachen Familien zu fördern und auszubilden. Albert nennt die Namen der Gründungsväter, sieht mich erwartungsvoll an, fragt, ob ich mich überhaupt für Musik interessiere.

Ein bisschen.

Albert hat ein Stipendium, was wohl bedeutet, dass Nick einkommensschwach und Albert hochbegabt ist. Er hat zwei Jobs, weil das Stipendium gerade mal die Studiengebühren abdeckt.

Kriegst du kein Geld von deinen Eltern? Meine Mutter gibt mir zum BAföG jeden Monat zweihundert Mark.

Albert schüttelt den Kopf. Tonys Jurastudium und Tonys Lifestyle verschlingen Nicks Ersparnisse.

Ich studiere Amerikanistik.

Albert lacht, glaubt, ich mache einen Scherz.

Das gibt es wirklich.

Albert zuckt zurück, wie eine Ratte im Labor, fühlt sich beobachtet, ausgehorcht und ausgenutzt.

Eine europäische Wissenschaft, die sich mit Amerika befasst?

Wir beschäftigen uns die meiste Zeit mit amerikanischer Fiktion in Film und Literatur.
Ich bin froh, dass er nicht weiter nachfragt, erzähle vom Studentenwohnheim, von Mali und José, erzähle von Frankfurt, kleinste Weltstadt der Welt, Äppelwoi und Bahnhofsviertel, Technoclubs, Fressgass', Hibbdebach und Dribbdebach. Albert braucht zwei Jobs, weil er nicht ins Wohnheim will, Wohnheim bedeutet Zwergenzimmer, das man auch noch teilen muss. Albert wohnt stattdessen mit Freunden in einem Haus, mit eigenem Garten, Veranda auf der Südseite, ein Esskastanienbaum, ein Rosenbusch, Katzen und Grillpartys im Sommer. Im Keller ein kleines Tonstudio, unter dem Dach malt seine Mitbewohnerin Bilder auf alte Heizkörper. Sie kochen zusammen, sie essen zusammen, machen zusammen Musik, sind die besten Freunde. Alberts Augen leuchten.
Ich hatte noch nie einen besten Freund.
Du musst mich besuchen kommen.
Aber ich muss Nicks Geschäft bewachen.
Albert lacht.
Du musst gar nichts. Komm einfach nächstes Wochenende, du bist ein freier Mensch.

Der Baumann schenkte mir eine Platte, um mich vollends auf seine Seite zu ziehen. Die Musik gefiel mir nicht. Der Baumann war beleidigt. Das sei die beste Platte der Welt. Ich hätte keine Ahnung. Ich sei einfach nicht links, würde ja auch rumlaufen wie der letzte Kommerzheini.
Kommerzheini? Ich sah das antiamerikanische Schiff davonsegeln. Der Baumann und das, was er die Szene nannte, der er sich jetzt zugehörig fühlte, forderten ein totales Bekenntnis. Sich nur den Antiamerikanismus wie Rosinen aus dem Kuchen zu picken, war scheinbar nicht möglich. Bunte Haare, Dosenbier, schreckliche Musik und ungewaschene Klamotten, vollgeschmiert und

voller Aufnäher, das alles gehöre eben nun mal untrennbar zum linken Antiamerikanismus, und wer das nicht akzeptieren könne, sei eben nur ein Pseudo.
Ich hatte gehofft, als blinder Passagier auf der Baumannschen Santa Maria an die Küste eines Negativamerikas segeln zu können, um von dort aus ein neues Leben anzufangen. Es ging um meine Rettung. Es ging mir auch um Klarheit, um klare Sicht auf mein eigentliches Problem, vor das sich die Unerreichbarkeit Amerikas als Heimstatt eines unauffindbaren Vaters gestellt hatte. Aber ich durfte nicht mit. Der Baumann wollte mir nicht helfen.
Früher, da habe ich alles gegeben, um wie ein Ami auszusehen, sagte der Baumann.
Alles hätte er getan, um auch äußerlich Zugehörigkeit zu uns, also dem Franz, dem Mitch, der Dana und mir, zu demonstrieren. Seine ganze Jugend sei er in Tarnklamotten rumgelaufen, nur damit wir ihn akzeptieren.
Jetzt sollte ich das Gleiche tun.
Aber keiner von uns ist in Tarnklamotten rumgelaufen. Und niemand hat das je von dir verlangt.
Der Baumann wusste nicht, was er darauf antworten sollte. Wahrscheinlich war es ihm peinlich, was er da gerade über sich verraten hatte. Der selbstsichere Baumann, der US-Soldat im Herzen, nur ein devoter Schleimer in Anerkennungsuniform? Blödsinn, so war es doch gar nicht, das war nur ein Erpressungsversuch, der nach hinten losgegangen war. So was zog vielleicht beim Franz, aber doch nicht bei mir. Der Baumann hatte, allen subversiven Tendenzen seines Charakters zum Trotz, einfach ein sehr unkompliziertes Verhältnis zur Konformität. Aus diesen beiden Komponenten hat er ein persönliches Qualitätsmerkmal, ein Markenzeichen gemacht, das ihm heute im Berufsleben zugutekam. Der Baumann kommt halt aus einer Familie, in der Vater und Mutter alles für die Kinder tun, ihnen alles durchgehen las-

sen, sie in allem unterstützen. Es stimmte nicht, dass der Baumann sich aus irgendeinem Minderwertigkeitskomplex heraus für uns als GI verkleidete. Es stimmte genauso wenig, dass der Baumann sich als Punk verkleidete, weil ihm das Zuschautragen einer Haltung so enorm wichtig war. Der Baumann hat sein Leben lang einfach seine Assimilationsskills erweitert und perfektioniert, und genauso wie er der Amerikabegeisterung und damit uns, seinen Freunden, von heute auf morgen den Rücken zugewandt hatte, hat er auch eines Tages seine mit einer Alditüte beklebte Lederjacke an den Haken gehängt und ein Wirtschaftsstudium aufgenommen. Ich verließ das Juzi Bockenheim. Auf dem Weg nach draußen wurde ich als Popper beschimpft. Eine halbe Stunde später fuhr ich mit der S-Bahn zurück nach Weilberg.
Wie war das Konzert, fragte meine Mutter.
Gut.

Für drei Tage Nachtwache bekomme ich von Nick eine fast vollständige Ausrüstung. Ob Nick mir heimlich ein Gewehr verkauft, zu meiner Sicherheit? Es wird langsam hell. Im Osten, wo sich der Himmel rosa färbt, zeichnen sich die Umrisse eines Gebirges ab.
Was sind das für Berge?
Albert weiß nicht, was ich meine, sieht nicht, was ich sehe.
Hier gibt es keine Berge.
Aber ich bin schon weg, sitze auf dem Gipfel, vor meinem Zelt. Flanellhemd, Bart und Hut, ein treuer Hund an meiner Seite. Ein Flugzeug landet auf dem Bergsee. Dessen Wasser ist so kalt, dass man sich die Zehen abfriert. Das Flugzeug bringt Lebensmittel, Whiskey, Zigaretten, Munition. Es bringt die Post. Die Briefe sind für Albert, der dort hinten in der Hütte sitzt. Ein Feuer brennt im Kamin, dampfend heißer Kaffee auf dem Herd. Ich bringe ihm die Post. Es sind Anfragen wichtiger Konzerthäuser, Verträge von Schallplattenfirmen, Briefe von Bewunderern. In Alberts Hütte

ein Klavier, eine Gitarre, Geigen, Cellos, Bratschen, Klarinetten. Albert komponiert, mein Hund und ich beschützen Alberts feingliedriges Wesen. Ich lerne das Jagen, das Wäschewaschen im Fluss, das Käsemachen, das Bäumefällen und Feuermachen. Und wenn das Flugzeug kommt, um Albert zu Konzerten, Symposien oder Vorträgen abzuholen, trage ich seinen Koffer und winke dem Flugzeug hinterher.

Du bist der beste Freund, den ich je hatte, wird Albert zum Abschied sagen. Danke, danke für alles.

Joe? Alles in Ordnung?

Die Sonne geht auf, die Berge verschwinden. Alberts schwarzes Haar glänzt rosa.

Ja. Alles in Ordnung.

In Alberts Brille spiegelt sich die Morgensonne. Er guckt kurz in meine Augen, dann schaut er weg. Albert lächelt und seine rechte Hand krabbelt langsam über das Dach der Outdoor Ranch in meine Richtung.

Unter uns geht die Tür auf. Albert zieht die Hand zurück und Nick mit steifen Gliedern, humpelnd, hustend, schnaufend, in viel zu kleinen Unterhosen, tritt in das Licht des neuen Tages.

ZWEIUNDZWANZIG

Nick bringt mich zum Highway. Er kennt eine gute Trampstelle.
Hier stehen sie immer.
Er hat den Namen der Collegestadt groß ausgedruckt und das Blatt anschließend laminiert.
Falls es regnet.
Nachdem ich mein Gepäck aus dem Kofferraum geholt habe, überreicht er mir eine Plastiktüte mit dem Logo der Outdoor Ranch. Darin sind eine Dose Ginger Ale, ein Schokoriegel, zwei in Alufolie eingewickelte Sandwiches, ein Apfel und eine Karte der Collegestadt. Mit einem roten Kreuz hat Nick die Ausfahrt markiert, an der ich mich rauslassen soll, ein blaues Kreuz kennzeichnet Alberts Haus. Es dämmert bereits.
Das ist die beste Zeit, sagt Nick.
Rush Hour, gelangweilte Pendler, die froh über Abwechslung sind, werden mich mitnehmen.
Ich halte den Daumen raus, bereits das zweite Auto hält.
Wohin willst du?
Ich sage es dem Fahrer, zeige ihm das rote Kreuz, zeige ihm das blaue Kreuz.
Kein Problem, steig ein.
Er gähnt, fährt jeden Tag, zwei Stunden hin, zwei zurück. Er lacht, als ich ihn frage, warum er nicht den Zug nimmt.
Welchen Zug?
Nach zwei Stunden verlassen wir den Highway. Auf dem Parkplatz eines Supermarktes verabschieden wir uns. Er gibt mir seine Karte.
Falls du mal wieder eine Mitfahrgelegenheit brauchst. Oder eine Versicherung.

Dann verschwindet er mit einem riesigen Einkaufswagen im Inneren des Supermarktes. Ich mache mich über meinen Reiseproviant her. Nick hat mir zum Abschied ein Evi-Spezial gemacht. Wie lieb von ihm. Ich kaue ganz langsam. Hinter mir rauscht der Highway, hier stehe ich, mit meinem Rucksack, meinem Zelt, meiner Isomatte, ganz alleine, kaue und kaue, aber ich schmecke die Evi einfach nicht mehr durch. Ich betrachte das Sandwich im Schein der Straßenlaterne, betrachte das glibbrig-pinke Corned Beef, den orangenen Scheiblettenkäse, die rosane Majo-Ketchup Emulsion, zwischen zwei durchweichten Scheiben Toastbrot. Ich denke an die Evi, an den toten Erhard, an die klebrigen Nippesfigürchen, die Bilder von den weinenden Clowns, an die weinende Evi an Erhards Grab. Ich denke an Nick, der ab heute wieder in der Outdoor Ranch kampieren muss. Wie ekelhaft das Sandwich plötzlich schmeckt. Ich esse trotzdem weiter, im Ekelrausch. Noch fünf Bissen, dann rufe ich Albert an. Ich fühle mich bescheuert, weil ich jetzt weinen muss, verschlucke mich, trinke Ginger Ale, stecke mir den Schokoriegel in die Tasche, schmeiße die Plastiktüte mit dem Apfel in den Müll.
Ich hole dich ab, sagt Albert am Telefon. Zehn Minuten später ist er da, umarmt mich lange und sagt, dass es gut ist, mich zu sehen. Richtig gut.

Niemand war gekommen, um Alice abzuholen. Sie stand vor dem Krankenhaus, kaute an den Nägeln, rauchte eine Zigarette, die sie einer der Schwestern abgeschwatzt hatte. In der Innentasche ihrer Jacke befanden sich zwei ungeöffnete Briefumschläge, einer von einer Versicherungsgesellschaft, in dem anderen die Entlassungspapiere des Krankenhauses.
Wenn Sie zurück in Anacortes sind, kümmern Sie sich bitte um einen Termin bei einem Neurologen.
Anacortes, hatte Alice leise wiederholt.
Sie fahren doch zurück nach Anacortes?

Alice hatte mit den Schultern gezuckt.

Keine Sorge, hatte der Arzt sie getröstet, der Gedächtnisverlust sei mit ziemlicher Sicherheit nur temporär. Es sei nur eine Frage der Zeit, bis Alice sich wieder an alles erinnern könne.

Alles wird gut.

Alice hatte den Arzt ungläubig angeguckt.

Ich jedenfalls rate Ihnen dazu. Fahren Sie nach Anacortes. Es ist der einzige Anhaltspunkt, den wir haben. Wenn Sie da sind, sich in einer vertrauten Umgebung wiederfinden, alte Freunde treffen, wird das Ihren Heilungsprozess beschleunigen, und dann können Sie weitersehen.

Man hatte Alice gefragt, ob man ihr Foto in der Zeitung veröffentlichen dürfe, um nach Menschen zu suchen, die sie kannten. Freunde, Verwandte, Geschäftspartner.

Geschäftspartner? Alice war sich ziemlich sicher, dass sie keine Geschäftspartner hatte, aber das wollte sie dem Arzt nicht auf die Nase binden.

Natürlich, es kann doch gut sein, dass sie beruflich in der Gegend waren.

Allerdings bestünde, hinsichtlich der Veröffentlichung eines Fotos, bei einer jungen attraktiven Frau wie Alice die Gefahr, dass sich Männer mit unlauteren Absichten meldeten. Man hätte sowas schon mal erlebt und wolle es nicht noch mal erleben.

Nein, kein Foto.

Gut.

Das Zimmer, auf das man Alice gelegt hatte, befand sich im achtundzwanzigsten Stock des Krankenhauses. Es war geräumig, hatte ein großes Fenster, von dem aus man Berge, Wälder, den Himmel und Wolken sehen konnte. Ein richtiges Luxusappartement mit eigenem Bad.

Ist das nicht sehr teuer?, hatte Alice gefragt.

Der Arzt hatte gelächelt.

Sie haben eine gute Versicherung. Eine sehr gute sogar.

Es war nicht so, als könnte Alice sich an gar nichts erinnern. Andauernd flammte etwas in ihr auf, irgendein Bild, ein Gesicht, ein Name, ein Gefühl. Aber es war ihr einfach nicht möglich, das, was ihr da an Versatzstücken aus der Vergangenheit vor dem inneren Auge erschien, in eine zeitliche oder räumliche Ordnung zu bringen. Sie versuchte es, aber wenn sie sich allzu sehr anstrengte, wurde ihr übel.
Sie haben eine schwere Gehirnerschütterung. So schwer es Ihnen auch fallen mag, gönnen Sie Ihrem Kopf noch etwas Ruhe. Alles wird sich fügen.

Wir halten kurz bei Alberts Haus. Es liegt in einem Wohnviertel nicht weit vom Campus entfernt.
Bleib sitzen.
Albert schnappt sich mein Gepäck, läuft damit zum Haus, wirft es rein, kommt zurück.
Los geht's.
Albert erzählt, was er für das Wochenende geplant hat: Heute Party, morgen ausschlafen, danach Frühstück, abends ein Konzert, eine Band aus Philadelphia, wir stehen auf der Gästeliste, Sonntag Plattenflohmarkt, Frisbee spielen im Park, Film glotzen, chillen.
Was ist das für eine Party?
Hoffentlich keine Collegeparty, denke ich.
Bei Freunden, im Proberaum, nichts Großes.
Ein Glück.

Die Dana hatte mich manchmal mit zu Partys in der Uni geschleppt.
Mann Christian, du kannst nicht immer nur zu Hause hocken, hatte sie gesagt.
Ich hocke doch gar nicht immer zu Hause.
Die Dana duldete keinen Widerspruch.

Von zehn bis Mitternacht habe ich Tresendienst.

Wenn die Dana fertig war, nahm sie mich an der Hand, und zog mich auf die Tanzfläche, wo schon ihre Freundinnen auf sie warteten. Die Dana tanzte nie mit mir allein, sondern immer mit allen gleichzeitig. Tilda, Yasmina, Jenni und wie ihre Freundinnen alle hießen, wurden von ihr angetanzt, angefasst, umarmt und angelacht. Sie wollte, dass ich es genauso mache. Ich versuchte es, aber ich kam mir komisch vor, als einziger Mann in einer Gruppe Frauen. Wie sah das aus? Der Hahn im Korb, der schwule Kumpel aus der Mädchenclique? Beides Scheiße. Die Yasmina rieb ihren Hintern an meinen und ich wusste nicht, wie sie das meint. Die Dana lachte und fragte, ob ich Spaß hätte, und auch dabei wusste ich nicht, wie sie es meint. Ein bisschen deprimiert bin ich dann jedes Mal nach Hause gegangen.

Die Party von Alberts Freunden ist in einem Proberaum, der Proberaum ist in einer Mall.

Was ist eine Mall?

Albert erklärt es mir.

Wir fahren durch Vororte. Die gleiche strukturierte Trostlosigkeit wie in Columbus.

Mit Ausnahme von ein paar schlecht besuchten Restaurants haben die Läden des Einkaufszentrums schon geschlossen. Nur wenige Autos auf einem riesigen Parkplatz. Irgendwie gruselig, eine aufdringliche Abwesenheit von allem. Wir steigen aus. Stille.

Albert kennt den Weg. Er führt durch einen 24-Stunden-Imbiss. Drei Männer sitzen an der Bar, trinken Bier, essen Chips, es stinkt nach Frittenfett und Abfluss.

Wie läuft's, Judy?

Albert reicht der jungen Frau hinter dem Tresen die Hand. Judy nimmt sie nicht. Wortlos steht sie von ihrem Barhocker auf, greift nach einem Schlüssel, geht zur Hintertür. Bevor sie aufschließt, müssen wir ihr jeder einen Dollar geben.

Judy zieht die Nase hoch, steckt die Scheine ein, lässt uns in den Hinterhof. Musik wummert, Albert öffnet eine Tür und die Musik wird lauter. Auf der Treppe kommt uns jemand entgegen.
Hey Albert, hey Camper.
Camper?
Albert hat mich angekündigt, hat allen erzählt, dass ich für seinen Vater arbeite. Alle wissen, was ich mache, wie ich wohne, wo ich herkomme.
Sorry, und jetzt komm. Die Party ist im zweiten Stock.
Der Raum ist klein und voller Menschen. Kreuz und quer stehen Sofas, Stühle, liegen Matratzen auf dem Boden. Mittendrin ein Schlagzeug, Mikrofone und Verstärker.
Albert und sein deutscher Wachhund!
Ein Wachhund auf Urlaub.
Hey Camper!
Sie stürmen auf uns zu.
Hey Camper! Nicks neuer Wachhund.
Ein Mädchen krault mich hinterm Ohr.
Hey Camper! Indoorcamping im Outdoorladen, hat sich dafür die Reise nach Amerika gelohnt?
Hey Camper, hast du überhaupt eine Arbeitsgenehmigung?
Es hagelt Sprüche, Spitzen, Seitenhiebe.
Hey Camper, geht Albert heute noch mit dir Gassi?
Hey Camper, vermisst du Nick?
Alle kennen Nick, alle lieben Nick. Legendary Nick. Alberts Freunde stehen um mich herum und machen blöde Witze.
Albert sagt:
Jetzt reicht's. Das ist mein Freund Joe aus Deutschland. Seid gefälligst nett zu ihm.
Sofort hören sie auf. Machen das, was Albert sagt.
Hey Joe, willst du ein Bier?
Hey Joe, willst du eine Zigarette?
Willst du Chips?

Da hinten kannst du deine Jacke aufhängen.

Sie kommen und sie schütteln mir die Hand: Alexis, Joe, Zack, Seth, Diana, Rose, Angela, Joey, Joe, Frank, Ella, Jessi, Ritch, Francis, Paul, Eleanore, Pauline, Joey, Jonathan, Kelly.

Wie lange bleibst du, Joe?

Bis Montag.

Bleib länger, hier gibt es auch Outdoorläden, in denen du dein Zelt aufschlagen kannst. Bleib hier, Joe, bleib bei uns, nächstes Wochenende fahren wir nach Kanada, kommst du mit?

Dann geht das Licht aus und ein Scheinwerfer geht an und eine Band fängt an, zu spielen. Sie tragen Tierkostüme, die Sängerin ist als Schwan verkleidet. Sie widmet mir das erste Lied, alle drehen sich zu mir um, und ich werde rot.

Albert kommt und stellt sich neben mich, sagt nochmal, wie gut es ist, dass ich gekommen bin, dass ich hier sei, dass er sich freut und dass ich bleiben kann, so lange ich will.

So lange ich will? Meint er das ernst?

Die Band spielt Songs, die alle kennen, Songs, die schon im Radio liefen, als wir noch Kinder waren. Und sie spielen richtig gut, nehmen diese Lieder ernst. Die Baumannband hat auch manchmal Pophits aus den Achtzigern gecovert, aber ganz schlecht, ganz brutal. Geradezu geschlachtet hat die Baumannband die Lieder, hat sie musizierend durch den Dreck gezogen. Kommerzscheiße. Hier aber wird aus dieser Scheiße Gold gemacht. Alle singen mit, auch ich, egal wie krumm und schief es klingt, ich tanze und es ist mir egal, wie ich dabei aussehe, alle schwitzen, alle hampeln, alle rasten aus. Jetzt erst begreife ich, dass ich noch nie auf einer Party war. Das, was in Weilberg, Korbach, Frankfurt, Gießen, Usingen Partys waren, war nichts als eine weitere Variation hessischer Muffellaune und Langeweile. Aber das hier war eine gottverdammte Party. Der Christian, dieser Trottel, der sein Leben lang alles mit allem verwechselt hat, hat geglaubt, eine Party sei etwas, wo man mit dem Franz hingeht, um auf ihn aufzupassen, hat geglaubt, das sei etwas, wo man hingeht, weil die Dana es befiehlt, etwas wo man schon bei Ankunft über Fluchtmöglichkeiten nachdenkt, ein Fremdfühlort, eine peinliche Sexbörse, eine Drogenausprobierveranstaltung, eine Gewaltmesse, auf der irgendwann immer die Fäuste fliegen. Die Weilberger Partys, die Frankfurter Partys, die Bad Vilbeler Partys mit ihrer coolen Musik, ihren coolen Typen, ihrer überzogenen Sexyness, waren einfach nur beschissen gewesen und nicht ich war falsch gewesen, nicht der Christian war falsch gewesen, sondern das, was da passierte in seiner halbherzigen Bemühtheit. Ich schüttele meine Haare und springe so hoch ich kann. Ich nehme Albert auf die Schultern. Seht mich an. Ich tanze mit einem Jungen. Seht mich an. Ich tanze mit einem Mädchen. Seht mich an. Der Joe liebt Partys.

Am Tag nach Alice Entbindung hatte ihr Vater einen mächtigen Kater. Er hatte mit Freunden bis spät in die Nacht die Geburt seiner ersten Tochter gefeiert, hatte nur drei Stunden geschlafen, war pünktlich auf der Arbeit erschienen, und das anhaltende Hochgefühl trug ihn, trotz Übelkeit und hämmernden Kopfschmerzen, durch den Tag. In der Mittagspause erledigte der junge Vater drei Dinge, die seiner Tochter Alice jetzt, vierundzwanzig Jahre später, zu Gute kommen sollten:
Zuerst eröffnete er bei der Texas Credit Group ein Konto auf ihren Namen. Danach ging er zum nahegelegenen Büro seines Freundes Peter Gray, Versicherungsvertreter bei der Nationalen Gesellschaft für Schadensbegrenzung, und schloss für seine kleine Tochter ein Versicherungspaket ab, das im Falle eines Unfalls der Kategorie 2 oder 1 nicht nur die Krankenhauskosten übernahm, sondern auch eine nicht unbeachtliche Summe, ohne weitere Investigationen und Gutachten, an die Versicherungsnehmerin auszahlen würde. Peter, der ebenfalls an der Babysause teilgenommen hatte, hatte Alice Vater gesteckt, dass die

Konditionen und Prämien bei diesem Versicherungspaket, so unvernünftig gut seien, dass es vermutlich schon nächste Woche wieder vom Markt genommen werden würde. Unbedingt und sofort sollte Alice Vater zuschlagen.
Ein kleiner Unfall, ein kleines Schädel-Hirn-Trauma, ein gebrochenes Beinchen, und ihr seid reich.
Alice Vater, damals noch rechtschaffen und integer, ignorierte den Hinweis auf möglichen Wohlstand durch Versicherungsbetrug, schloss die Police dennoch ab, auch um Peter, der ständig über zu wenig Kundschaft klagte, zu unterstützen, und gab eine Einzugsermächtigung für das Konto bei der Texas Credit Group, für dessen fristgerechte Deckung er im Anschluss einen Dauerauftrag einrichtete. Zurück im Büro nahm Alice Vater drei Kopfschmerztabletten und fühlte sich bereits wie der beste Vater der Welt.

Es ist schon hell, als wir nach Hause kommen. Albert ist gefahren, stockbesoffen. Auf der Veranda vor dem Haus sitzen ein halbes Dutzend Menschen. Sie trinken Bier aus Dosen, tragen Sonnenbrillen, aus einem Transistorradio quäkt Jazz. Albert stellt sie vor.
Meine Mitbewohner: Jeremy, Ivo und Iva.
Willkommen Joe.
Die anderen brauchen dich nicht zu interessieren, sagt Albert.
Lautstarker Protest. Albert wird mit Erdnussflips beworfen.
Komm, ich zeig dir, wo du schläfst.
Iva zieht mich ins Haus, zeigt auf die Couch. Über die Sitzfläche hat sie ein Laken gespannt, eine Decke aus Kunstfasern mit Schneewittchenmotiv, ein Stück Schokolade auf dem Kopfkissen, ein Teddybär zum Kuscheln.
Danke, Iva.
Ich bin gerührt, Albert geht Kaffee kochen. Draußen auf der Veranda kann ich gar nicht mehr viel sagen. Ich bin müde, bin glücklich, setze mich in einen wackeligen Korbstuhl, lege meine

Füße hoch, lasse mir ein Bier geben und genieße das Gefühl, mit meinem Erscheinen in der Collegestadt sofort ein Teil von ihr geworden zu sein, als hätten alle hier auf mich gewartet, als wäre ich immer schon da. Jeremy holt mir eine Sonnenbrille, damit ich mich nicht ausgeschlossen fühle. Meine Augen hinter dunklen Gläsern verborgen, sehe ich mir Alberts Mitbewohner noch mal in Ruhe an, sie sitzen da und reden, lachen, necken und herzen sich, und eine merkwürdige Wärme, eine fast unheimliche Liebe durchströmt mich. Sie geht von dieser Gruppe junger Menschen aus, einer Gemeinschaft ohne Konkurrenz, ohne Forderungen, ohne Begehren und doch voller Aufrichtigkeit und ehrlicher Zuneigung.

In jeder Form von Beziehung entstehen irgendwann Konflikte, hätte die Dana eingeworfen, aber ich wollte gar nicht an die Dana denken, und wie die Dana denken, wollte ich erst recht nicht.

Albert bringt Kaffee und setzt sich neben mich,

Guten Morgen Mrs. Bushwick! Guten Morgen Mr. Bushwick!

Ein älteres Ehepaar verlässt gerade das Nachbarhaus. Sie winken freundlich in unsere Richtung.

Guten Morgen.

Wollen Sie auch einen Kaffee?

Die beiden kommen tatsächlich rüber, setzten sich zwischen uns, lassen sich Kaffee bringen. Was soll das? Was wollen diese Alten hier, und warum sitzen alle plötzlich so bemüht gerade und sprechen so förmlich? Albert weiß, wie die Bushwicks ihren Kaffee trinken, schwarz mit Süßstoff.

Mrs. Bushwick seufzt, ihre Schwester hatte einen Bandscheibenvorfall, schon der dritte dieses Jahr, sie sind auf dem Weg ins Krankenhaus.

Mitleid wird ausgedrückt, Besserungswünsche in Auftrag gegeben. Jeremy geht sogar ins Haus und holt ein dickes Buch, das Mrs. Bushwick ihrer Schwester mitbringen soll, Iva schneidet eine Rose aus dem Busch.

Das ist lieb von Euch.
Mrs. Bushwick gibt den beiden einen Kuss.
Mr. Bushwick räuspert sich, spricht mich an.
Du musst Joe sein. Albert hat erzählt, dass du kommst. Und natürlich haben wir nichts dagegen, wenn du im Garten dein Zelt aufschlägst. Bleib solange du willst, mein Junge.
Mein Junge? Echt jetzt? Albert hat sogar die Nachbarn schon gefragt? Mein Junge? Wollen die mich adoptieren?
Alles, was mich gerade noch beseelte, droht mir jetzt zu viel zu werden. Ich bin irritiert. Die alten Bushwicks in ihren Rentnerklamotten sitzen zwischen uns Jungen, den Partypeople, einfach so, angenommen und eingegliedert, wie es mir selbst ein paar Minuten zuvor wiederfahren ist. Ist das unterschiedslose, generationsübergreifende Menschenliebe, oder fragwürdige Beliebigkeit beim Verteilen von Sympathiebekundungen? Schnell weg hier, bevor niederträchtige Gedanken die Oberhand gewinnen.
Ich stehe auf.
Ich muss ins Bett.
Lauter Protest, Aufforderungen zu bleiben.
Spaßverderber, Spielverderber, Langweiler.
Dann sagt Albert:
Schlaf gut, Joe.
Ich bin nur ein Gast in Alberts Leben, der Gastfreundschaft mit Freundschaft, Höflichkeit mit Zuneigung verwechselt. Ich lege mich auf die Couch, krabble unter die Schneewittchendecke, esse Ivas kleine Schokolade, trinke meinen Kaffee aus. Es ist acht Uhr morgens, zu spät zum Denken, zu spät zum Fühlen. Draußen erzählt Albert allen, was für ein cooler Typ ich bin. Ich fühle mich wie ein Betrüger, will das gar nicht hören, halte mir die Ohren zu. Ich bin kein cooler Typ, ich bin der letzte Vollidiot.

Mit der Flucht aus Houston, der unter anderem eine Pfändung sämtlicher auf seinen Namen laufenden Konten vorrausgegangen war, stellte Alice Vater zwangsweise seine monatlichen Zahlungen auf das Konto seiner Tochter ein. Dass die fälligen Versicherungsbeiträge weiterhin abgebucht werden konnten, war dem Umstand zu verdanken, dass Alice Großmutter, zwei Monate nachdem Alice aus ihrer texanischen Kindheit gerissen wurde, eine fünfstellige Summe auf das Konto ihrer Enkelin überwiesen hatte.

Ihr Sohn hatte sie um das Geld gebeten. Weil es ihm nicht gelungen war, seine Mutter telefonisch zu erreichen, blieb ihm nichts anderes übrig, als zu Papier und Stift zu greifen, um seine Situation in einer Offenheit darzustellen, die ihn selbst erschütterte. Sogar von seinen Überlegungen einen Unfall zu fingieren, Alice einen kontrollierten Knochenbruch zuzufügen, die Versicherungsprämie abzugreifen, hatte er seiner Mutter geschrieben, seine Selbstmordfantasien in bildreichen Sätzen geschildert. Alice Großmutter, die aus einer Laune heraus ihr Haus verkauft und, ohne ihre Angehörigen davon in Kenntnis zu setzen, nach Florida gezogen war, erhielt den bekenntnistriefenden, fast zwanzig Seiten langen Brief ihres einzigen Sohnes dank eines Nachsendeauftrags des United State Postal Service mit sechswöchiger Verspätung. Sofort griff sie zum Telefon. In dem Haus mit Meerblick war jedoch niemand zu erreichen. Im Büro des Sohnes wurde ihr mitgeteilt, dass dieser seit Wochen nicht mehr zur Arbeit erschienen und längst gekündigt sei. Nach kurzer Überlegung und nochmaliger Lektüre des Briefes nahm sie ihre Handtasche, stieg in ein Taxi und fuhr zur Bank, um die Überweisung der erbetenen Summe zu veranlassen.

Nach vier Wochen auf der Flucht betrat Alice Vater zum letzten Mal eine Filiale der Texas Credit Group, um den aktuellen Stand von Alice Konto zu erfragen. Enttäuscht und gekränkt musste er davon ausgehen, dass seine Mutter ihm und seiner Familie nicht helfen wollte. Er wählte noch ein paar Mal die Nummer seiner Mutter in Minnesota, doch es blieb dabei – der Anschluss war tot.

Ähnlich erging es seiner Mutter. Ihr Sohn war mit seiner Familie verschwunden, hatte sich, davon musste sie ausgehen, mit ihrem Geld aus dem Staub gemacht. Verbittert darüber, für ihre großzügige Unterstützung nie ein Wort des Dankes erhalten zu haben, fand sie trotz Sonne, Strand und Meer keine Freude mehr am Leben und starb wenige Jahre später vereinsamt und enttäuscht in ihrer Wohnung in Cape Coral. Als Alice im Greyhound Bus nach Anacortes, Washington, den Brief der Nationalen Gesellschaft für Schadensbegrenzung aus der Innentasche ihrer Jacke zog und öffnete, traute sie ihren Augen kaum. Nicht nur, dass die Krankenhauskosten in Höhe von 50 000 Dollar von der Versicherung beglichen wurden, das Schreiben bestätigte darüber hinaus die Zahlung der vertraglich festgesetzten Summe von 438 000 Dollar auf Alice Konto bei der Texas Credit Group.

Als ich die Augen aufschlage, sehe ich in die grünen Augen einer dicken rot-getigerten Katze. Sie sitzt auf meiner Brust, ich schrecke hoch, das Tier springt von mir, macht einen Buckel, faucht, wendet sich ab, schreitet drohend von einem Ende von Alberts Couch zum anderen, springt schließlich wieder hoch und beißt mir in die Zehen. Sie hat Erfahrung, weiß wie man Eindringlinge vertreibt. Ich liege auf ihrem Platz, ich soll abhauen. Ich nehme die Schneewittchendecke und verziehe mich auf einen Sessel. Mein Schädel brummt, alles tut weh, ich habe kleine Schürfwunden an Knien und Ellenbogen. Partykratzer.
Die Katze bewegt sich ein Stück vorwärts, legt sich an die Stelle, wo sich kurz zuvor mein Brustkorb hob und senkte, und fängt an, zu schnurren. Das Glück des Sieges, Glück der Gewohnheit. Mit meiner Kapitulation, der Anerkennung ihres Territoriums ist unsere kurze Feindschaft beendet. Ich beuge mich vor und streichele ihr über den Kopf. Sie schnurrt noch lauter. Draußen regnet es. Zum ersten Mal seit ich in Amerika bin, regnet es, denke ich. Stimmt das? Hier also wohnt Albert. Das ist das Wohnzimmer.

Die Wände hängen voller Bilder, Postkarten, Fotos, Poster, Flyer. An einigen wenigen Stellen erkennt man gelbe Tapete mit braunem Blumenmuster. In der Ecke links vom Fenster, eine Sammlung von Kinderkeyboards, Gitarren, Gitarrenkoffern, ein verstaubtes Akkordeon. Von der Decke hängt ein Mobile, an dem abgeschnittene Dreadlocks, Backstagepässe, Matchboxautos, Streichholzschachteln aus Vietnam und ausgestopfte Kolibris baumeln. Überall Flecken, überall Katzenhaare. Es ist nicht mehr zu erahnen, welche Farbe der Teppich mal hatte. Ich werde Albert heute fragen, ob ich eine ganze Woche bleiben kann. Zwischen einem Jesusbild und einem Jimi Hendrix Poster entdecke ich ein kleines Foto, auf dem ein Junge auf einem Pony zu sehen ist. Ein Mann hält das Pony am Halfter. Ich stehe auf, um es mir genauer anzusehen. Der Junge ist Albert, der Mann ist Nick.

Der Stoff des lachsfarbenen Hemdes, das Nick auf dem Foto trägt, ist so dünn, dass man seine Brustwarzen sehen kann. Legendary Nick. Seine Haare sind braun und schulterlang. Albert ist ein Kind, und genauso wie ich mir selber leid tue, wenn ich Fotos von mir als Kind sehe, tut mir Albert leid in seiner kindlichen Ahnungslosigkeit, in seinem Ausgeliefertsein. Wie lange das wohl her ist? Zwanzig Jahre? Ich gehe in die Küche. Geschirr stapelt sich, der Mülleimer quillt über. Eine andere Katze, schwarz mit weißen Pfoten, frisst Futter aus einer Dose. Ob sie sich die selbst aufgemacht hat? Als sie mich entdeckt, huscht sie durch die Katzenklappe in den Garten. Es gibt einen Garten, einen Garten, in dem ich mein Zelt aufschlagen kann. Die Katze kommt zurück. Es regnet in Amerika.

DREIUNDZWANZIG

Die Puppenstube ist unbespielt. Niemand mehr, kein Hund, kein Franz, kein Mitch. Der Anschluss im Gallus ist tot. Nicht mal ein Rufzeichen. Leergefegt und verlassen die Wohnung in der Ebermannstraße. Die Nachbarn erleichtert, die Wohnung der beiden maximal verlebt. Zur Übergabe ist keiner erschienen.
Die sehen ihre Kaution nie wieder.
Einige Monate wird es wohl dauern, bis hier hoffentlich ein besserer Mensch einzieht. Einer ohne Hund, ohne Ausländerfreunde, eine Medizinstudentin, ein BWLer, ein Banklehrling. Was hier ausgezogen ist, war Großstadtfutter, wurde von der Stadt zerkaut und zurück in den Geburtsort gespuckt, zurück in die Weichheit des Speckgürtels, wo es kein Unheil mehr anrichten kann. Schleppend gehen unterdessen die Arbeiten im Totenhaus voran. Die hier renovieren, wissen nicht, wie man Häuser belebt, streichen zwar die Wände, verlegen Fliesen und schaufeln doch nur ihr eigenes Grab. Den Anschluss in Weilberg gibt es noch. Es läutet. Das ist ein Lebenszeichen. Den Anrufbeantworter, den man früher der melancholischen Aufforderung des Großvaters folgend besprach, gibt es nicht mehr. Auch dass ich anrufe, ist ein Lebenszeichen, das keiner hört oder keiner hören will. Der Mitch ist im Keller, den er zu einer Wohnung umbaut. Eine Wohnung für den Franz, der währenddessen auf dem Sofa liegt und weiß, dass er jetzt da ist, wo er in Zukunft immer sein wird. Der Mitch verlegt Laminat und hat den Glauben an die Zukunft verloren. Wenn der Mitch fertig ist mit Bauen, will der Franz eine Einweihungsparty feiern.
Wer soll da kommen?, fragt der Mitch.
Das Telefon läutet, ein Lebenszeichen aus Amerika, aber der Franz fühlt sich nicht zuständig für Lebenszeichen.

Der Mitch ist im Keller und baut dem Franz ein Verließ mit eigener Eingangstür. Der Mitch werkelt im Keller und schaufelt dem Franz ein Grab. Die Wohnung der Großeltern lässt er, wie sie war. Die Carola bleibt bei ihrem Mann. Für sich selbst renoviert der Mitch nicht. Für sich selbst hat der Mitch noch nie was gemacht.
Die Dana. Nicht zu erreichen. Aber die Dana hat eine Mitbewohnerin, die Auskunft geben kann.
Christian!
Genau.
Die Mitbewohnerin will quatschen, will amerikanische Abenteuergeschichten hören, aber ich will nicht, will mit der Dana sprechen. Seit fast sechs Wochen steht mein Zelt in Alberts Garten. Heute baue ich es ab. Albert verlässt die Stadt, wechselt die Uni, hat genug von Komposition, will einfacher Toningenieur werden, in Olympia, Washington, hat es die ganze Zeit gewusst und mir einfach nichts gesagt. Ich muss mit der Dana sprechen, die Dana soll mir sagen, was ich machen soll.
Komm einfach mit, sagt Albert.
Aber in Olympia, Washington wird er erstmal ins Studentenwohnheim ziehen. Es wird keinen Garten geben, in dem ich mein Zelt aufschlagen kann. Es gibt keinen Platz für mich und trotzdem sagt Albert:
Komm mit!
Die Dana ist in Los Angeles! Letzten Dienstag ist sie geflogen, sagt die Mitbewohnerin.
Hatte die Dana auch ein Sparbuch gefunden? Hatte sie einen Brief von Daddy bekommen, mit Einladung und Flugticket?
Die Dana hat ein Stipendium, sagt die Mitbewohnerin.
Ein Jahr bleibt sie da.
Wo bist du eigentlich Christian? Vielleicht könnt ihr euch sehen, warte ich gebe dir ihre Telefonnummer.
Die Dana in Amerika, mit eigener Wohnung, Studienplatz, Stipendium, Telefonnummer, ganz offiziell.

Fährst du zu ihr?, fragt Danas Mitbewohnerin.

Die vom Arzt prognostizierte Reaktivierung von Alice Langzeitgedächtnis begann bereits auf der Reise nach Anacortes. Und das in einem Tempo und einer Eindringlichkeit, die Alice, ohnehin schon verwirrt von dem durch Unfall und Amnesie verursachten Reichtum, in einen Zustand zunehmender Verzweiflung versetzte. Viele Tage und Nächte hatte Alice in ihrer Kindheit in Greyhoundbussen zugebracht. Was die vertraute Umgebung mit ihren menschlichen Gerüchen und Geräuschen an Bildern und Erinnerungen in ihr hervorrief, war verstörend und schmerzhaft. Streitende Eltern, Umzüge mit dem Bus, knurrender Magen, die weinende Mutter, der fluchende Vater, der betrunkene Vater, der ihr Rotwein einflößt, Whisky in die Cola kippt, damit sie endlich das Maul hält, endlich einschläft. Unter all diese zuvor erfolgreich verdrängten, traumatischen Erlebnisse schoben sich Bilder von romantischen Szenerien: ein Haus am Meer im Sonnenuntergang, ein Kuss auf dem Empire State Building, ein Spaziergang am Strand. Was diese aus Kino, Fernsehen und Werbung stammenden Bilder in Alice auslösten, war in seiner Intensität nicht vergleichbar mit jenen anderen, die sich aus der tatsächlich gemachten Erfahrung, einer sich in der Enge des Überlandbusses auflösenden Kleinfamilie, speisten. Trotzdem hoffte Alice, dass die Bilder des Glücks, die in ihr um ihr Anrecht und ihre Bedeutung rangen, genauso wahr, genauso echt waren. Was blieb ihr anderes übrig, als zu glauben, dass sie jenem Leben entsprangen, in das sie glaubte, zurückzukehren. Anacortes. Der Name hatte die ganze Zeit nichts in ihr ausgelöst. Jetzt, im Strudel der echten und scheinbaren Erinnerungen, wurde Anacortes für Alice zu einem inneren Refugium des Glücks, das sie nie hätte verlassen dürfen. Anacortes, Anacortes, Anacortes.
Immer wieder sagte sie den Namen, wie eine Zauberformel, um die bösen Erinnerungen zu vertreiben.

Aber es half nichts. Alice sah ihren Vater vor sich.
Ab jetzt ist Schluss mit Daddy. Nenn mich gefälligst Sir.
Bei jedem Wort hatte er ihr am Ohrläppchen gezogen.
Neben ihm stand Alice Mutter, fummelte heulend an einer Packung mit Beruhigungstabletten herum.
Anacortes, Anacortes, Anacortes.
Alice schrie die Worte durch den ganzen Bus.
Halt's Maul, du Schlampe, rief jemand von hinten.
Im Bus gingen die Lichter an.
Nächster Halt, Anacortes, Washington.

Ich beobachte Albert, wie er sich durch die kleine Gitarrenwerkstatt bewegt, in der er jeden Samstag arbeitet. Heute fängt der Abschied an. Zum letzten Mal Gitarrenwerkstatt, zum letzten Mal Kaffee und Donuts vom Laden gegenüber, der letzte Samstagmorgen in der Collegestadt. Ich seufze. Mein Donut schmeckt nicht, meine Lieblingssorte Boston Cream war bereits ausverkauft.
Erst gegen Mittag wieder.
Verzweifelt habe ich die Verkäuferin angesehen, hilflos, wie ein kleines Kind, das seine Enttäuschung nicht verbergen kann. Albert hat gelacht und mir eine andere Sorte bestellt, gefüllt mit gelber Marmelade mit Bananenanteil, beklebt mit giftig bunten Zuckerstreuseln. Ich lege den Donut aus der Hand und eine Kassette ins Tapedeck, Albert holt sie wieder raus, legt sie in den Walkman, sagt, er müsse sich jetzt konzentrieren, schüttelt eine Sprühdose, setzt mir Kopfhörer auf, drückt auf Play, lackiert einen Gitarrenhals, vertreibt den behaglichen Geruch nach Holz und Bienenwachs. Die Musik ist traurig. Albert verweigert das letztmalige Durchleben gemeinsam entwickelter Rituale. Normalerweise quatschen wir den ganzen Vormittag, manchmal darf ich ihm was helfen. Albert poliert Klangkörper, zieht Saiten auf, hämmert, schraubt, fummelt irgendwas. Hin und wieder

sieht er zu mir rüber, keine Spur von Wehmut in seinem Blick. Es ist Oktober, draußen nieselt es. Für ihn fängt Morgen die Bodenständigkeit an, er freut sich drauf und will, dass ich mich mit ihm freue.
Komm mit!, sagt er immer wieder.
Komm mit! Der Winter kommt, und es wird kalt im Zelt.
Ich nippe an meinem Kaffee, nage lustlos an meinem Ekeldonut.
Iva, Ivo, Jeremy hatten etwas anderes vorgeschlagen:
Bau dein Zelt ab, zieh in Alberts Zimmer.
Bleib bei uns, Joe.
Bitte, bleib.
Geh nicht.
Albert aber sagt: Wie lange gilt dein Visum?
Während Ivo, Iva und Jeremy keinen Gedanken an meinen Status verschwenden, spielt Albert Einwanderungsbehörde und degradiert mich zum Touristen.
Glaub mir, Joe: Im Westen ist's am besten. Es gibt mehr als dieses Haus und diesen Garten, es gibt mehr als diese Collegestadt, es gibt mehr als Ivo, Iva, Jeremy. Du bist doch hier im Urlaub.
Die Sonne blendet, und ich schließe meine Augen. Ich verschwinde einfach, aus der Werkstatt, aus diesem Samstagmorgen, an dem nichts mehr ist, wie es war. Albert fegt die Werkstatt, aber ich bin nicht mehr da. Ich bin unsichtbar. Es fällt ihm nicht mal auf.
Du bist doch hier im Urlaub, so eine Unverschämtheit, so eine gemeine Scheiße. Wie der Baumann vorm Rennstall:
Wolltest du nicht immer schon mal nach Amerika, Christian? Da war doch was.
Wie die Dana, mit ihren dummen Reisetipps:
Wieso fliegst du nicht nach Südamerika, ist doch viel billiger?
Die Dana hat die Amischeiße überwunden, von mir erwartet sie das Gleiche. Die Dana und der Baumann und die Abigail, inzwischen alle an der Westküste, ausgestattet mit Ami-Pässen, Jobs,

Wohnungen und Staatsbürgerschaft, niemand fragt: Wann läuft dein Visum ab? Keiner sagt: Du bist hier doch im Urlaub.
Nutze die Zeit, die du noch hast, sagt Albert.
Als wäre mein Aufenthalt in Amerika eine tödliche Krankheit.
Komm mit, sagt Albert, denn ich sag dir eins, bin ich erst weg, dauert es nur ein paar Wochen und der Vermieter setzt Iva, Ivo, Jeremy vor die Tür. Bin ich erst weg, streckt keiner mehr die Miete vor. Bin ich erst weg, zahlt keiner pünktlich Strom und Gas. Deswegen wollen sie, dass du bleibst. Sie wissen, dass du Geld hast.
Na und, vielleicht will ich es ihnen ja geben.
Albert rollt mit den Augen.
Komm mit!
Was redet er da überhaupt? Sechs Wochen lang kein schlechtes Wort über seine Mitbewohner, sechs Wochen waren wir eine Gemeinschaft, engste Freunde, Ersatzfamilie, Seelenpartner, unzertrennbar. Alles vorbei? Alles gelogen? Als Albert noch Komposition studierte, konnte er über menschliche Schwächen hinwegsehen, als bodenständiger Tontechnikstudent ist ihm das nicht mehr möglich. Ich liebe Ivo, ich liebe Iva, ich liebe Jeremy, ich liebe Albert, ich liebe das Haus, ich liebe den Garten, ich liebe den Esskastanienbaum, ich liebe den Rosenbusch.
Ich kann dich heiraten, damit du bleiben kannst, hat Iva gesagt.
Und Albert sagte, haha, Iva hält nie, was sie verspricht.
Ich höre die Ladenglocke. Ein altes, ausgeleiertes Schnarren.
Meine Augen fest geschlossen, bin gar nicht da.
Hallo?
Eine Kundin in der Werkstatt.
Guten Tag, wie kann ich helfen?
Ich bin nicht da, hab mich längst aufgelöst, niemand kann mich sehen, keine Kundin, keine Einwanderungsbehörde, kein Tontechniker.
Ich bin die Dana und ich hole jetzt den Christian ab.
Ich drücke die Augen etwas fester zu.

Tut mir leid, sagt der vollkommen fantasielos gewordene Albert, niemand hier, außer mir.
Aber die Dana kann mich sehen. Die Dana kann mich immer sehen, da hilft auch kein Verschwindetrick.
Komm zu mir!, sagt sie. Alter Ausreißer!
Vorwurfsvoll, enttäuscht und trotzdem zärtlich.
Ich knurre sie ein bisschen an. Die Dana lässt sich nicht abschrecken.
Hier hast du ein Leckerli.
Aus ihrer Hosentasche holt sie eine Zwergenalice, ganz zerknautscht und eingedellt. Die Dana hält sie an den Füßen, schüttelt sie und aus ihren Taschen fallen winzig kleine Geldscheine und Münzen.
Da ist sie, deine kleine Freundin. Hast du sie vermisst?
Ich schäme mich vor der Dana. Die Zwergenalice kaut auf ihren Nägeln, schnüffelt, kann mich nicht sehen, aber riechen kann sie mich, und sie findet, dass es stinkt, hält sich die Nase zu, hüpft von Danas Hand, sammelt das Geld vom Boden auf, sucht nach einem Winkel, in dem sie sich verkriechen kann. Die Dana glotzt ganz provokant, während Alice in einer Fußbodenritze verschwindet.
Erbärmlich, sagt die Dana, und dann fliegt der Raum davon, nimmt sie mit. Durch den Himmel fliegt der Franz in Uniform, schwebt der nackte Mitch mit seinem Rasenmäher und mäht rosa Herzen in die Wolken. Da ist Albert. Er setzt mir die Kopfhörer ab und lächelt mich an.
Wir können gehen.
Ich wische mir über die Augen. Aber da ist nichts zum Wegwischen. Es ist bereits zwölf, Albert stellt den Besen in die Ecke, schaltet Sicherungen aus.
Ab Mittag gibt es wieder Boston Cream, sage ich und knabbere ein bisschen an meinem Daumen.
Albert fragt, was los ist.

Ich bin in die Sichtbarkeit zurückgekehrt.
Ich sage was von Heimweh.
Ich will nicht weg von hier.

VIERUNDZWANZIG

Laufen Sie ein bisschen rum. Ihnen werden Menschen begegnen, die Sie kennen, Sie werden Orte sehen, die Ihnen vertraut vorkommen. Wissen Sie, was ein Déjà-vu ist?, hatte der Arzt im Krankenhaus Alice gefragt.
Alice hatte genickt.
Gut. Es wird Ihnen vorkommen wie ein langes, nicht enden wollendes Déjà-vu. Lassen Sie sich davon nicht beunruhigen. Es wird sich legen.
In Anacortes angekommen, hatte Alice sich einen Stadtplan besorgt und machte sich auf den Weg zu der Adresse, die ihr vom Krankenhaus mitgeteilt worden war. Alice versuchte ihr Bestes, sah sich um, betrachtete ihre Umgebung mit der allergrößten Aufmerksamkeit, die Menschen auf der Straße, die Geschäfte, die Straßenschilder. Aber das vom Arzt prophezeite diffuse Gefühl des Wiedererkennens blieb aus. Als sie an einer Filiale der Bank of America vorbeikam, erkundigte sich Alice nach einer örtlichen Niederlassung der Texas Credit Group. Der Bankangestellte bedauerte ihr mitteilen zu müssen, dass es im ganzen Staate Washington nicht eine Filiale des texanischen Geldinstituts gebe. Alice holte das Schreiben der Versicherung hervor, wollte wissen, wie sie an das Geld kommt. Der Bankangestellte, ein junger Mann in rosa Seidenhemd und grüner Filzkrawatte, der beim Anblick des von der Versicherung zugesagten Auszahlungsbetrages große Augen bekam, freute sich, ihr mitteilen zu können, dass darauf alle notwendigen Informationen enthalten seien, die einen unkomplizierten Kontoumzug zur größten Bank der Vereinigten Staaten ermöglichten. Im Kopf rechnete er bereits die für ihn bei diesem Geschäftsvorgang abfallende Pro-

vision aus. Einzig eine aktuelle Adresse benötigte er von Alice. Als er merkte, dass dies zu einer gewissen Aufgeregtheit bei der potentiellen Neukundin führte, räusperte er sich, rückte etwas näher an die auf ihrer Unterlippe kauende Alice heran.
Angesichts des hohen Betrages kann ich natürlich eine Ausnahme machen.
Alice Miene hellte auf, der Bankangestellte machte eine Kopie von Alice Führerschein, legte einige Formulare zum Unterschreiben vor und bat Alice übermorgen gegen Mittag wiederzukommen, um ihre Kreditkarte in Empfang zu nehmen.
Danke.
Stets zu Diensten.
Eine halbe Stunde später fand Alice unter der Adresse, die sie angeblich elf Monate zuvor auf der Führerscheinstelle Anacortes-West als ihren Wohnsitz angegeben hatte, eine Autowerkstatt namens Karls Garage. Alice verglich noch einmal Straße und Hausnummer, atmete tief durch, bevor sie schließlich mit klopfendem Herzen die Tür mit der Aufschrift Kundenservice öffnete.
Ein Mann mit Glatze und Brille, braun gebrannte Haut, um die fünfzig, saß im ölverschmierten Overall am Schreibtisch. Er war mit einem Kreuzworträtsel beschäftigt.
Sie wünschen?
Ich suche Karl.
Der Automechaniker hob seinen Kopf und musterte Alice.
Sitzt vor Ihnen.

FÜNFUNDZWANZIG

Hast du Hunger?
Albert kramt einen halben Schokoriegel aus dem Handschuhfach.
Nein, danke.
Wir sind seit neun Stunden unterwegs, fahren in Schichten, einer am Lenkrad, der andere schläft, sorgt für Unterhaltung. Albert ist gegen Pausen, ist genervt, dass wir halten müssen, wenn ich auf Toilette muss. Selber pisst er in hauchdünne Plastiktüten, die er in der Obstabteilung eines Supermarktes geklaut hatte. Ich weigere mich.
Schämst du dich?
Albert knotet die Tüte zu, kurbelt das Fenster runter und entsorgt sie auf dem Highway.
Was für eine dumme Frage. Natürlich schäme ich mich.
Albert will sich umbenennen.
Der Name passt gut zu einem Komponisten, aber nicht zu einem Toningenieur. Die brauchen kurze Namen.
Ein Göttername für Olympia?
Vielleicht Al? Oder Bert? Findest du das peinlich?
Nein.
Cool.
Albert freut sich.
Ich heiße übrigens Christian.
Albert weiß es längst. Sechs Wochen lang lag mein Reisepass auf dem Küchentisch. Er nimmt Reinigungsspray und Taschentücher und wischt die Pissespritzer weg.
Der Tank ist leer.
Ich setze den Blinker, Albert plant den Tankstellenbesuch. Mehr als fünf Minuten darf er uns nicht kosten.

Du tankst, ich hole Kaffee und zwei Hot Dogs. Noch was?
Schachtel Kippen, Tüte Chips.
Alles klar.
Die amerikanische Art des Reisens, wir fahren durch Tag und Nacht, sehen Autos, Highway, Tankstellen, sonst nichts.
Jetzt ist Albert an der Reihe und ich studiere die Karte. Wenn wir schon nichts sehen, will ich wenigstens wissen, was ich verpasse.
Die von Albert gewählte Route streift den Norden des Yellowstone Nationalparks. Laut seinen Berechnungen gegen drei Uhr nachts.
Schade.
Albert reagiert nicht.
Ich seufze laut.
So ein Mist.
Albert summt ein Lied, ignoriert meine Unmutszeichen.
Schade. Ich habe immer davon geträumt, das alles mal in echt zu sehen.
Albert sieht mich an, als hätte ich sie nicht alle.
Das nächste Mal.

Der gute Großonkel hatte mir mal zu Pfingsten einen Bildband geschenkt.
Man schenkt nichts zu Pfingsten, Onkel.
Doch.
Beautiful Yellowstone in zweihundertfünfzig Bildern, Texte auf Englisch, gedruckt in Wisconsin. Fotos von Bisonherden im Sonnenuntergang, von Geysiren, kämpfenden Schwarzbären.
In den Sommerferien hatte ich dann jede Nacht eines der Bilder aus dem Buch mit Wasserfarben abgemalt. Die gesammelten Werke übergab ich dem Großonkel.
Fünfzig Stück.
Ei Christian, du bist ja ein richtiger Künstler.

Als wir nach seinem Tod das Haus entrümpelten, konnte ich die Bilder nirgendwo finden. Meine Mutter vermutete, der Onkel hätte sie wahrscheinlich weggeschmissen.
Ich war entsetzt.
Man kann nicht alles aufheben, sagte meine Mutter, während sie zwölf Jahrgänge Telefonbücher in die Altpapiertonne warf.

Drei Jahre später tauchten die Bilder schließlich doch noch auf, zwischen einem Stapel vergilbter Pornoheftchen, die ein Monteur unter dem Kessel der Ölheizung gefunden hatte. Ich fragte mich und andere, wie es wohl zu dieser merkwürdigen Durchmischung gekommen ist.
Ist doch logisch, wusste man in der Stonerrunde beim Franz im Keller.
Der geile Bock hat sich deine Bilder angeguckt und sich dabei den Schwanz gewichst.
Der Großonkel sei eben geil auf Bisons gewesen. Ein Bärenficker sei er gewesen, ein Geysirficker, ein Bergkettenficker. Ein Sonnenuntergangsficker.
Die Bong blubberte fröhlich zu dem ganzen Unsinn und alle lachten. Das hatte der Großonkel nicht verdient.
Die Dana wiederum vermutete, er habe unter der Heizung Sachen versteckt, für die er sich geschämt habe.
Albert drückt vor Lachen auf die Hupe:
Was für ein Quatsch.
Die Dana hatte auch keine vernünftige Erklärung für ihre These.
Spontane Eingebung, sagte sie selbstbewusst, die stimmen immer.
Wer sagt das?
Ich.
Nachdem die Dana im ersten Semester ein Blockseminar über Dingwelt und Seelenleben bei einem fast hundertjährigen Profes-

sor besucht hatte, erneuerte sie, ausgestattet mit frischem Wissen, ihre Theorie über den Zusammenhang von pornografischer Darstellung und Landschaftsaquarellen.

Ein Heizkessel, sagte sie, sei ein Symbol für die gebändigten Kräfte der Natur. Da drinnen brennt ein Feuer. Absolut kontrolliert und effektiv.

Die Dana redete ganz dozentinnenhaft.

Genauso hat dein Onkel seine sexuelle Energie, die ja auch Natur ist, kontrolliert.

Tatsächlich galt der Onkel als prüde, wenn nicht asexuell.

Und was deine Bilder betrifft, so die Dana, lässt sich über sie ja auch Schönheit, Wildheit, Anmut und Gefahr der Natur konsumieren, ohne es tatsächlich durchleben zu müssen. Auch hier wird einem Natur als etwas Gebändigtes vorgestellt.

Ganz intuitiv hätte der Großonkel für unterdrückte Naturgewalten in seinem Haushalt eine zentrale Sammelstelle eingerichtet.

Albert gefällt Danas Erstsemestertheorie.

Die poetische Dimension der Psychologie sei ihm gar nicht so bewusst gewesen.

Vielleicht lerne ich deine Freundin ja mal kennen.

Wahrscheinlich nicht.

Alice hatte zweihundert Dollar Bargeld. Das reichte für zwei Nächte Motel, Essen, Zigaretten, ein paar gebrauchte Klamotten aus dem Thrift Store. Ab Morgen brauchte sie sich um ihre Finanzen keine Sorgen mehr zu machen. Ab morgen war sie reich. Sie wühlte sich durch Ständer und Tische, grub sich mit beiden Armen durch Pullover, Polohemden, Strickjacken und T-Shirts. 438 000 Dollar. Als erstes würde sie sich ein Auto kaufen. Sie hatte diesen Karl, der sie ganz offensichtlich nicht zu kennen schien, beauftragt, ihr eines zu besorgen.

Suchen Sie nach was Speziellem?

Ja, einen 73er Chevy Caprice Station Wagon.
Karl hatte gelacht.
Das ist allerdings speziell. Ich gucke, was sich machen lässt.
Eine Angestellte des Thrift Stores drängte sich neben Alice und kippte einen Müllsack voller Pullover auf den ohnehin schon vollen Wühltisch.
Nachschub.
In Alice Einkaufskorb befanden sich bereits eine gelbe Jeans, zwei zu große Hawaihemden, ausgelatschte Turnschuhe, ein T-Shirt der LA-Lakers, eine Schirmmütze mit FBI-Logo, ein gebatikter Seesack der kanadischen Marine.
Wonach suchen Sie?
Nach einem dicken Pullover.
Zielsicher griff die Angestellte des Thrift Stores in den Haufen.
Wie wär's mit dem hier?
Sie zog einen beigen Strickpullover mit Katzenmotiv heraus. Die Katze war grün, dick und unförmig, in den unterschiedlich großen Augen hatte sie unterschiedlich große Dollarzeichen, der Kopf, nicht an der richtigen Stelle, sah aus, als würde er gleich runterfallen. Aus ihrem Ohr kam eine Sprechblase, in der »Take it easy« stand.
Zum ersten Mal, seit sie im Krankenhaus aufgewacht war, musste Alice lachen.
Perfekt.

Hey! Wach auf!
Albert rüttelt an mir und ich reiße die Augen auf.
Was ist los?
Albert sagt:
Du hast geschlafen. Ich habe Hunger. Lass uns was essen gehen.
Ich sehe aus dem Fenster. Eine Raststätte, sie sieht aus wie ein Vergnügungspark.
Albert sieht mich prüfend an.

Alles okay?

Ich hatte einen Albtraum. Tracey hatte mich angerufen. Man hatte Alice Leiche gefunden. Tracey sagte, dass David, der Koch, Alice aus Leidenschaft und Eifersucht in die Leber gestochen und ihre Leiche in der Wanne für Altöl entsorgt hatte. Wegen dir, Christian, sagte Tracey nicht ohne Vorwurf.

Du musst kommen und die Leiche identifizieren.

Als ich dann alleine hinter Tracey's Grub Station stand und den Deckel der Altölwanne zur Seite schob, lag da aber nicht die tote Alice, sondern nur Davids abgetrennter Kopf, der mich frech angrinste und sagte:

Verpiss dich, du hast Hausverbot.

Ich strecke mich und gähne laut. Albert fragt mich, was ich essen will.

Hier gibt es so ziemlich alles.

Nichts aus der Fritteuse.

Albert nickt.

Pizza.

Der Truck Stop ist nach dem Vorbild einer Westernstadt gebaut, Holzbuden, Blockhütten, windschiefe Schilder: *Saloon, Western Pies, Taste of Tombstone, Old West BBQ.*

Eine Filiale von Nick's Outdoor Ranch würde sich hier auch gut machen.

Albert lächelt müde. Vom Tankwart bis zum Pizzabäcker tragen alle, die hier arbeiten, Cowboyhut und Karohemd, die Gäste kommen in Zivil. Ich finde es witzig, Albert peinlich.

Willkommen in Amerika. Schlimmer geht's nicht.

Wir betreten den Pizzaladen. Statt Tomatensugo verwendet man BBQ-Sauce und ist stolz darauf.

Howdy, Partner. Was darf's sein?

Ein junger Schwarzer mit blondierten Haaren und Ohrringen will unsere Bestellung aufnehmen. Er trägt einen abgeschnittenen Strick um den Hals, Albert findet es rassistisch, bestellt eine Pizza mit sechs Sorten Fleisch.

Okidoki, Fremder.

Wir bekommen einen Zettel mit einer Nummer, dazu einen Standardtext, gespickt mit Old West-Begriffen.

Albert übersetzt:

Wenn die Pizza fertig ist, schießt Elsbeth da hinten, er zeigt auf eine gelangweilt dreinschauende junge Frau mit Zöpfen, angemalten Sommersprossen und falscher Zahnlücke, mit ihrer Spielzeugpistole in die Luft, ruft die Nummer, man gibt ihr den Zettel, bekommt dafür die Pizza.

Wie lange dauert's ungefähr.

Geschätzte Wartezeit: 35 Minuten.

Albert stöhnt, wünscht sich, er hätte niemals angehalten.

Warum eigentlich? Warum hat er es so eilig?

Drei Wochen noch, dann läuft dein Visum ab. Jede Minute zählt.

Albert hat meinen Reisepass scheinbar sehr genau studiert, findet, ich habe zu viel Zeit verschwendet. Bei Nick, und ganz besonders in der Collegestadt.

Ich finde das überhaupt nicht.

Im Wartebereich für Take-Away-Kunden setze ich mich in einen Schaukelstuhl, Albert wählt einen aufgebockten Sattel, neben ihm ein ausgestopftes Pferd, das wiehert, wenn man daran vorbeigeht. Ein kleines Mädchen ist auf das Pferd geklettert, schreit, tritt ihren Vater ins Gesicht, als der versucht, sie wieder von dem Gaul runter zu bekommen. Die Nase blutet. Elsbeth bringt ein Taschentuch.

Albert sagt, wenn er nach Europa fliegen würde oder nach Afrika oder nach Asien, würde er keine Sekunde verschwenden, würde sich alles ansehen, nichts verpassen wollen. Wie ein Staubsauger würde er Landschaft, Menschen, Kultur und Kulinarik in sich aufnehmen. So ein Flug sei doch wahnsinnig teuer, Kosten und Nutzen müssten sich die Waage halten.

Ich widerspreche, und Albert, der noch nie die USA verlassen hat, erklärt mir, worum es wirklich geht.
Er empfindet sein Kompositionsstudium als Zeitverschwendung. Längst schon könnte er ein eigenes Tonstudio haben, ein eigenes Haus, irgendetwas Eigenes eben.

Albert will raus aus der Besitzlosigkeit, raus aus der Zeitverschwendung. Die ihm bescheinigte Hochbegabung reicht ihm nicht mehr, ein zu abstrakter Besitz, der zudem noch in die Armut führt. Seine Krise, fasst er zusammen, fußt in dem Gefühl, Möglichkeiten nicht genutzt zu haben.
Alberts inneres Krisenmanagement besteht in dem Vorhaben von jetzt an alles anders, alles besser zu machen. Gleichzeitig wird alles Vorangegangene zu einem Sumpf aus Fehlentscheidungen. Selbst seine besten Freunde, Ivo, Iva, Jeremy, nichts als zeit- und geldsaugende Schmarotzer. Die letzten zwei Jahre, ein einziger Fehler, Verschwendung, damit ist jetzt Schluss.
Albert wartet auf Zustimmung.
Aber ich bin viel zu unsicher, um ihm beizupflichten. Woher soll ich wissen, was das Richtige für Albert ist?
Bei zehn Wettbewerben hätte er im vergangenen Jahr seine Kompositionen eingereicht. Nirgendwo sei er über die erste Runde hinaus gekommen.
Keiner will meine Stücke aufführen.
Weiter gedacht bedeutet das, dass niemand Alberts Stücke hören will. Die Professoren sagen, der sonst so begabte Albert sei im vergangenen Semester in seinem Kompositionsverhalten ungestüm und unberechenbar geworden. Diese Unberechenbarkeit wirke aber nicht etwa lebendig oder authentisch, sondern starr und ausgedacht.
Das also sind die Wurzeln von Alberts Problem: ein von Autoritäten verursachter Minderwertigkeitskomplex.
Nummer 76.

Ich schiele zum Tresen.
Unsere Pizza ist fertig.
Elsbeth hält ihre Spielzeugknarre in die Luft, drückt ab, aber statt des erwarteten Knalls hört man nur ein leises Klacken. Die Platzpatronen sind alle. Albert geht zum Tresen, er lässt die Schultern hängen. Ich wünschte, ich könnte ihm helfen.

Albert tut das Essen gut. Er kann wieder lachen.
Wir sitzen auf dem warmen Asphalt des Truck Stops, glänzende Finger, fettige Münder, Lkws rangieren, Jugendliche aus der Umgebung hängen in kleinen Gruppen auf dem Rastplatz ab.
Ein Auto kommt, parkt direkt neben uns. Wir machen Platz, rücken beiseite, Albert zieht die Füße weg. Blauer Toyota, wie meiner. Beulen im linken Kotflügel, wie bei meinem.
Ein Typ mit Kapuzenpulli und Jogginghosen steigt aus.
Hi Jungs!
Er zündet sich eine Zigarette an, geht in Richtung des Saloons.
Ich stehe auf, laufe ums Auto, habe so ein komisches Gefühl. Der linke Rückscheinwerfer notdürftig mit silbernem Klebeband repariert, auf der Stoßstange ein Aufkleber, Go Buckeyes! Jemand hatte erfolglos versucht, ihn abzukratzen.
Das ist mein Auto.

Albert verschluckt sich an der Pizza.
Was?
Das ist das Auto, das mir geklaut wurde.
Albert will die Bullen rufen.
Nein.
Ich kann nichts beweisen, hatte Dustin einfach Geld in die Hand gedrückt und war losgefahren. Kein Vertrag, keine Papiere, keine Versicherung, nichts.
Die Bullen können uns nicht helfen. Hast du dich schon mal geschlagen?

Albert schüttelt den Kopf, sagt, er hätte keinen Hunger mehr.
Ich auch nicht.
Vielleicht gibt er dir das Auto ja zurück, wenn du ihn fragst.
Albert glaubt an das Gute im Menschen.
Ich erzähle Albert von dem Foto im Handschuhfach.
Ich will es wieder haben.
Selbst noch ein wenig zögernd, schiebe ich Albert durch die Schwingtür des Saloons. Schweißperlen auf der Stirn, Pizzareste im Mundwinkel.
Bau keine Scheiße!
Albert ist noch vollkommen demoralisiert von unserem Gespräch, Selbstbewusstsein am Boden, Angst, immer alles falsch zu machen. Da sitzt der Autodieb, sitzt an der Theke, trinkt Dosenbier, unterhält sich mit der Bedienung. Wir setzen uns neben ihn.
Die Pizzaboys! Was wollt ihr? Ich gebe einen aus.
Er bestellt drei Whiskey Shots.
Prost.
Wir trinken, und dann sage ich:
Also pass auf, das Auto, mit dem du gekommen bist, gehört mir ...
Und schon fliegt seine Faust in mein Gesicht. Es haut mich um, ich liege am Boden, er tritt mir in den Bauch.
Ich höre Albert rufen.
Hör auf! Er will nur das Foto aus dem Handschuhfach.
Tumult bricht aus. Der Wirt ruft die Polizei, gibt uns die Schuld. Der Typ ist weg. Ein paar Frauen kreischen, Albert hilft mir hoch.
Halt, ihr bleibt hier.
Der Wirt braucht Schuldige, die er der Polizei übergeben kann.
Zechprellerei, schimpft er.
Schwachsinn, der Typ hat doch bezahlt, Albert knallt einen Zwanziger auf den Tresen.
Der Wirt noch einmal: Hiergeblieben!

Aber wir bleiben nicht, wir rennen dem Verbrecher hinterher, jetzt ist Schluss mit lustig, Scheiße, tut das weh. Wir sehen noch, wie er ins Auto steigt, verdammt, der Motor heult, Reifen quietschen. Fünfzigtausend Meilen kann man mit dem Ding noch fahren, ich hoffe, dass es danach einfach explodiert. Dieser Penner. Tränen laufen über mein Gesicht. Ganz normal, wenn man was auf die Nase kriegt. Ich hoffe, er fährt sich tot, die dumme Sau. Einfach so loszuschlagen, Blut und Tränen, Albert läuft dorthin, wo gerade noch das Auto stand, wo noch immer unser Pizzakarton steht. Auf den Pizzaresten liegt der Bilderrahmen, liegt das Foto, das Glas zerbrochen und der Riss läuft genau durch Joes Gesicht, auf der Rückwand kleben drei von sechs Sorten Fleisch. Albert nimmt sich ein Stück Pizza. Blut tropft von meiner Nase auf das Foto. Albert reicht mir ein Taschentuch. Danke.
Der Joe ist wieder da.

SECHSUNDZWANZIG

Alice lag auf dem Motelbett und spielte mit ihrer neuen Kreditkarte. Neben ihr ein Kugelschreiber und ein Blatt Papier.
Fertigen Sie einen Zeitstrahl an, verinnerlichen Sie die zurückgewonnenen Erinnerungen mehrmals am Tag.
Rebiografisierung nannte der Arzt diesen Vorgang. Das Wort war seine eigene Erfindung gewesen, er war sehr stolz darauf, benutzte es bei jeder Gelegenheit.
Alice hatte den Arzt sehr gemocht. Ihm zu Ehren beschriftete sie das Ende des Zeitstrahls vorsorglich mit den Worten *Rebiografisierung abgeschlossen.*
Viele von Alice Erinnerungen hatten mit Konflikten zu tun, mit den Eltern, mit der Schule, mit Männern, mit Frauen. Der Arzt hatte ihr gesagt, dass das passieren könne, denn die unbewältigten Episoden des Lebens würden die Gelegenheit nutzen, um sich ins Spiel zu bringen. Er hatte Alice eine schematische Darstellung der menschlichen Erinnerungs- und Verdrängungsmechanismen aufgezeichnet.
Lassen Sie sich davon nicht allzu sehr beeindrucken.
Amnesiepatienten haben oft den Eindruck, ihr vergangenes Leben hätte nur aus Problemen bestanden. Weswegen die Rückkehr des Gedächtnisses meist Depressionen verursacht. Stelle Alice solche Tendenzen an sich fest, so bat der Arzt sie, solle sie einen Psychologen aufzusuchen.
Man kann das behandeln. Viele Menschen wissen das nicht.
Während er sprach, hatte er Alice die Hand auf die Schulter gelegt, genau zehn Sekunden lang. Das hatte Alice gefallen.
Sie schaltete den Fernseher ein und holte sich einen kleinen Whiskey aus der Minibar. Im Krankenhaus hatten sie behauptet,

Fernsehen und Alkohol würden sich negativ auf den Heilungsprozess auswirken, aber Alice hatte festgestellt, dass Bourbon in Kombination mit Fernsehen ihrem Erinnerungsvermögen durchaus auf die Sprünge half.

All die Wohnungen, in denen immer der Fernseher lief, all die Trailer und Häuser, die sie, mal mit ihrer Mutter, mal mit ihrem Vater bewohnt hatte, kamen ihr wieder ins Gedächtnis. Alice hatte sich eine Karte der USA besorgt, setzte Kreuze, zog Linien, machte Notizen. Ihr fielen die Freunde ihrer Mutter ein, die Freundinnen und Ehefrauen ihres Vaters, ihre Halbschwestern Eve und Carly, ihr Halbbruder, Derek. Wo wohnte Derek doch gleich? Richtig, in Missoula, Montana.

Einzig das letzte Jahr war und blieb ein dunkler Fleck. Auch wenn es ihr hier gefiel, hatte Alice inzwischen ernsthafte Zweifel, zuvor je in Anacortes gewesen zu sein.

Das Telefon klingelte. Zögernd hob Alice den Hörer von der Gabel.

Sie werden es nicht glauben, Miss, aber ich habe tatsächlich einen 73er Chevy für Sie gefunden.

Es war Karl.

Zwei drei kleine Sachen müsste ich noch richten, dann könnten Sie ihn Ende der Woche abholen.

Okay.

Karl, am anderen Ende der Leitung, hatte mit mehr Begeisterung gerechnet. Er hatte sich ganz schön ins Zeug gelegt.

Wollen Sie gar nicht wissen, wie viel er kostet?

Nein. Nehmen Sie Kreditkarten?

Durch passiven Faustkampf und aktiven Blutverlust habe ich das Bild vom Joe zurückerobert. Jetzt liegt es sicher in meinem Schoß. Ich könnte eine Farbkopie machen und sie dem dicken Bullen Geoff schicken.

Los! Such meinen Daddy.

Meine Nase pocht, als wolle sie widersprechen:
Lieber nicht!
Die Nasenspitze, von der meine Mutter behauptet, an ihr alle meine Befindlichkeiten ablesen zu können, ist geschwollen, wenn Albert zu schnell um eine Kurve fährt, blutet es ein bisschen. Ob sich meine Mutter Sorgen macht?
Die Dana, so glaubt meine Mutter, weiß immer, wo ich bin, und wie es mir geht.
Der Christian ist in Amerika.
Mehr weiß die Dana nicht, sitzt in ihrem neuen kalifornischen Leben, telefoniert mit meiner Mutter und ist beleidigt, weil die ihr nicht zum Stipendium gratuliert.
Hast du ihn getroffen?
Dumme Michaela, kennt die amerikanischen Dimensionen nicht. Die Dana sagt alles, was sie weiß. Letzter bekannter Aufenthaltsort von Christian Pietzsch: Chicago.
Der Christian ist vielleicht im Kugelhagel schon umgekommen, liegt im Leichenschauhaus, wartet auf Identifizierung.
Die dumme Michaela weint am Telefon, Opfer ihres eigenen Halbwissens, ihrer Vorurteile, denkt die Dana im Elfenbeinturm der Universität, wo man sie von der amerikanischen Wirklichkeit fernhält.
Ich werde meiner Mutter ein Lebenszeichen schicken. Eine Postkarte, einen Urlaubsgruß.
Wetter gut, Essen lecker, hab' dich lieb.
Eine Nachricht, die meine baldige Wiederkehr vorbereitet, stinkend nach Amischeiße. Ob sie glaubt, ich sei nach Amerika geflogen, um den Joe zu suchen?
Albert, ich brauche Schmerztabletten.
Ich stöhne ein bisschen, Albert fährt ab. Im Supermarkt kaufen wir Wundsalbe, Painkiller, Kaffee. Albert sorgt sich, tröstet mich, tupft vorsichtig Salbe auf meine Wunden.
Geht's wieder?

Albert, du bist ein Schatz.
Er wird rot, und sagt:
Ich weiß.

Alice, erschöpft von den Anstrengungen der Rebiografisierung, hatte ein wenig Bauchschmerzen, fühlte sich fiebrig und überfordert. Der Arzt im Krankenhaus hatte ihr für solche Fälle ein starkes Schlafmittel mitgegeben.
Nehmen Sie eine, wenn es Ihnen zu viel wird, und Sie einfach abschalten wollen.
Alice wollte abschalten, spülte die Tablette mit dem restlichen Whiskey runter und schlief ein. Sie träumte von einem See. Sie war mit einem Jungen da, der Junge schwamm, sie stand mit Bauchschmerzen am Ufer und trug ein weißes Kleid. Das Wasser färbte sich rot, ein riesiger Fisch verschlang den Jungen und Alice verschlang den Fisch. Alice wurde geweckt von einem stechenden Schmerz im Unterleib.
Sie hob die Bettdecke. Blut auf dem Laken.
Es war sechs Uhr abends, als Alice ein Taxi rief und sich ins Krankenhaus fahren ließ.
Ja, bitte?
Die Frau an der Notfallaufnahme schielte mürrisch über ihren Brillenrand.
Ich glaube, ich hatte eine Fehlgeburt, sagte Alice sich den Bauch haltend, blass.
Was Sie hatten oder nicht, Schätzchen, überlassen Sie mal schön dem Arzt.

Ich habe Albert weggeschubst, nur ein wenig, sodass er lachen musste. Dann kam er wieder näher, ganz nah an meinem Gesicht, und ich habe ihn fester geschubst, so fest, dass er von der Bank gefallen war. Jetzt ist er beleidigt, lenkt mit einer Hand, hält sich mit der anderen den Hinterkopf, starrt auf die Straße.

Ich kann auch fahren.
Geht schon.
Nach fünf Minuten sage ich:
Es tut mir leid.
Albert sagt, ihm auch.
Er lässt sich von mir eine Schmerztablette geben. Es folgt verschämtes Schweigen, bis zwei zwanzig Meter große Blechcowboys am Straßenrand uns im Bundesstaat Wyoming begrüßen.
So ein Mist.
Albert hatte auf keinen Fall hier halten wollen.
Warum eigentlich?
Leute, die so aussehen wie wir, kriegen hier Probleme.
Leute, die aussehen wie wir? Albert trägt ein hellviolettes Seidenhemd und schwarze Hosen, ich in Jeans und Pulli.
Albert redet von schwächlich wirkender Gesamtkonstitution, seinen für Wyoming viel zu langen Haaren, unseren studentischen Charme.
Glaub mir, es gibt immer Stress.
Albert war schon öfter in Wyoming. Er hält an der Zapfsäule. In einiger Entfernung lungern ein paar Jungs mit Autos.
Ich hab's dir doch gesagt.
Die Regeln für den Tankstellenbesuch sind hier ganz anders:
Wir bleiben immer zusammen.
Okay.
Ich rücke ganz dicht an Albert ran.
Nicht zu nah! Das mögen die hier nicht.
Ziel ist diesmal nicht, Zeit zu sparen, sondern möglichst unbeschadet davonzukommen. Wir gehen bezahlen, Albert ist nervös, aber die Jungs sagen nichts, gucken nur dumm, rühren sich auch nicht, als wir zurück zum Auto gehen und losfahren.
War doch gar nichts, sage ich.
Albert dreht sich um und guckt nach hinten.
Jetzt geht's los.

Sie folgen uns.
Sie kommen immer näher.
Was wollen die?
Uns ärgern, uns zeigen, dass wir hier nichts verloren haben.
Sie kleben uns an der Stoßstange, Albert fährt schneller, bringt aber nichts, nach fünf Sekunden sind sie wieder da. Schweißflecken überall auf Alberts Hemd. Ich schreie auf, als sie uns einen kleinen Schubs geben, Alberts Miene ist versteinert, blass, die Lippen zittern, jetzt hupen sie und noch ein Stoß und noch einer. Sie lassen sich zurückfallen, nehmen Anlauf, lassen die Stoßstangen aufeinander scheppern. Es rumst, das Auto wackelt.
Scheiße, die wollen uns umbringen.
Meine Stimme, schrill und panisch.
Endlich die Auffahrt zum Highway, wir biegen ab, unsere Verfolger fahren geradeaus weiter.
Albert kurbelt das Fenster runter, schnappt nach Luft, schreit, hämmert auf die Hupe, die Adern an seinem Hals schwellen an. Tränen der Wut, Tränen der Erleichterung, Albert fährt tapfer weiter. Noch vier Stunden bis Montana. Vier Stunden, in denen wir damit beschäftigt sind, die gerade durchlebte Episode vom Mordversuch zur Kleinigkeit herunterzuspielen.

Immer das Gleiche!
Wälder, schneebedeckte Berge.
Albert ist wütend.
Je schöner die Natur, desto bösartiger die Menschen, sagt Albert. Die Schönheit der Welt vor Augen, fühlt der Mensch sich hässlich, klein, unbedeutend, betrogen um die Krone der Schöpfung. Alberts Gedanken fliegen, er muss der Wyomingschen Dummbrutalität etwas entgegensetzen, ein bisschen Hochbegabung, ein bisschen Collegestadt.
Ein Wohnmobil schert vor uns auf die rechte Spur, schneidet uns, Albert muss bremsen, hupt, dann fährt er fort mit seinen Überle-

gungen zur Wechselwirkung von Mensch und Natur:
Einzig das Meer, das Element als Fläche, führe dazu, dass der Mensch Demut empfinde angesichts der Schönheit der Natur. Das Meer an sich sei übrigens gar nicht so schön, ob mir das schon mal aufgefallen sei?
Ich war noch nie am Meer.
Albert sagt, der Ozean, für sich genommen, sei der hässlichste aller Sehnsuchtsorte, eine ausgestellte Leere, ein endloser Raum, ein riesiges Grab, eine unendliche Parallelwelt, die wir als Bedrohung wahrnehmen, zu der wir uns trotzdem hingezogen fühlen. Wenn etwas dazu taugt, Gottes Stellvertreter auf Erden zu sein, so Albert, dann das Meer, als Schnittstelle von Flüchtigkeit und manifester Größe. In ständiger Drohgebärde – kommt näher, zieht sich zurück, kommt wieder näher, umspült unsere Füße, gibt uns eine Vorahnung seiner Kraft.
Ich weiß nicht, worauf er hinaus will.
Diese Idioten in ihrem Auto, sagt Albert, haben nichts anderes getan, als die Unterwerfungsaufforderungen des Ozeans zu imitieren, lächerlicher Versuch, von Menschen, die aus der Natur nichts annehmen außer ihre Machtposen.
Albert macht eine kurze Pause und sagt dann:
Übrigens ist ein Viertel der Bevölkerung von Wyoming deutschstämmig.
Ich schäme mich. Ich hatte ihn von der Picknickbank gestoßen, weil ich Angst hatte, er würde mich gleich küssen. Jetzt hat er eine kleine Beule. Nachdem ich die Dana damals in die Brombeerhecke geschubst habe, sah sie wochenlang aus, als hätte sie eine Wildkatze angefallen. Ich habe mich nie dafür entschuldigt.

Alice bezahlte den Eingriff und den kurzen Aufenthalt im Krankenhaus mit ihrer Kreditkarte, dann stieg sie in ein Taxi und fuhr zurück ins Motel. Sie ging direkt auf ihr Zimmer, ihr war etwas eingefallen, das sie dringend auf dem Zeitstrahl ergänzen wollte.

1991 Fehlgeburt, Stockton, Kalifornien. Es war nicht das erste Mal gewesen, das hatte Alice gleich gewusst, als der Schmerz ihr gestern Abend durch den Unterleib gefahren war. In Stockton war sie schwanger von einem Typen namens Randy gewesen, hatte das Kind abtreiben lassen wollen, Randy aber hatte gesagt, das kriegen wir auch so hin.
Er hatte ihr einen Cocktail aus Wodka, Abführmitteln und Beruhigungstabletten gemischt.
Randy hatte Recht behalten. Sie malte einen Totenkopf mit Schnuller auf die Landkarte. Woher aber kam der kleine Zellhaufen, der gestern in ihr gestorben war? Niemand hatte nach ihr gesucht, niemand hatte nach ihr gefragt, kein Mann, kein Verlobter, kein Freund. Die halbe Nacht hatte Alice wachgelegen, hatte versucht, sich zu erinnern. Ihr fielen die Augen zu und als sie am nächsten Tag nach zwölf erholsamen, traumlosen Stunden aufwachte, wusste sie plötzlich, von wem dieses Kind kam. Sie konnte sein Gesicht sehen, sie konnte ihn spüren, sie hörte seine Stimme, sie vermisste ihn. Obwohl niemand außer ihr im Zimmer war, zog Alice sich die Decke über den Kopf. Niemand sollte sehen, wie sie weinte.

SIEBENUNDZWANZIG

Albert will ans Meer. Olympia kann warten.
Er muss sich erholen von der amerikanischen Weite, von Abweisung und Gewalterfahrung, von metaphorischen Höhenflügen.
Wohin soll's gehen?
Such dir was aus. Hauptsache Meer.
Ich greife zur Karte, studiere die Küste von Washington. Everett, Marysville, Camano Island.
Albert ist in Schwierigkeiten, will dem Ozean alte und neue Sorgen übergeben. Ängste, noch schwer wie Betonklötze, sollen leicht wie Treibgut werden, Zweifel sollen verebben. Er will dort stehen, will sehen, wie alles Schlechte von ihm wegschwimmt und verschwindet. Füße in der Brandung, Land im Rücken. Bodenständigkeit soll vom abstrakten Begriff zur erfahrbaren Bedingung werden.
Ich suche weiter, Warm Beach, Fish Town, Anacortes, Orcas Island. In Anacortes wohnt ein Freund von Dustin. Ich durchwühle meine Jackentaschen nach dem Zettel, auf dem die Adresse steht, kann ihn nicht finden.
Albert will gar nicht wissen, wo wir hinfahren, will sich ganz dem Schicksal übergeben, ich beobachte beunruhigt, wie er immer öfter beide Hände vom Steuer nimmt, Übungen im Kontrollverlust. Er sagt, er hätte Lust, sich zu betrinken.

Da bist du ja.
Alice Herz machte einen Sprung, als sie den Chevy in Karls Werkstatt stehen sah. Sie ging auf das Auto zu, versuchte unbeholfen, es in ihre Arme zu schließen.
Da bist du ja wieder.

Karls Mühen wurden belohnt.

Und ich dachte schon, Sie lassen mich auf dem Schätzchen sitzen.

Alice streichelte den Wagen, fasste alles an. Karl ging für ein paar Minuten aus der Werkstatt. Er fand es unanständig, die junge Frau dabei zu beobachten. Als er zurückkam, lag Alice auf der Rückbank und liebkoste die Sitze. Er fragte vorsichtig, ob sie einen Kaffee wolle.

Im Büro holte Karl Kaufvertrag, Papiere, Schlüssel aus einer Schreibtischschublade, legte sie vor Alice, goss Kaffee ein, legte eine Packung Kekse auf den Tisch, Alice unterschrieb, bezahlte.

Das wäre geschafft.

Zufrieden lehnte er sich in seinem Stuhl zurück und zündete sich eine Zigarette an.

Kann ich auch eine haben?

Selbstverständlich.

Karl schob die Packung und ein Feuerzeug zu Alice. Ihre Hände berührten sich für einen kurzen Augenblick.

Sie wissen nicht von jemandem, der ein Haus oder eine Wohnung vermietet?

Karl schüttelte den Kopf, riss den Beleg aus dem kleinen Lesegerät und heftete ihn an den Kaufvertrag.

Wie lange wollen Sie denn bleiben?

Alice wusste es nicht. Es gefiel ihr hier.

Es knackt verführerisch, als Albert seine Whiskeyflasche öffnet, es gluckert.

Kann ich einen Schluck?

Aber nur einen kleinen.

Ich hatte vorgeschlagen, den Rest der Strecke alleine zu fahren, damit er sich entspannen kann. Ich fühlte mich schlecht, weil ich das fremdbestimmte Ende meines Aufenthalts in der College-stadt so tragisch genommen, Albert in die Rolle des verständigen

Trösters und Motivators gedrängt, seinen eigenen Unsicherheiten und Zweifeln den Raum genommen hatte.

Während ich mich inzwischen auf das Land am Pazifik freue, ist Albert sich längst nicht mehr sicher, ob er nicht nur vor etwas davonläuft. Er hat eine Kassette eingelegt, es fiept und rauscht und piepst und knattert. Er dreht die Lautstärke auf, ruft mir zu, dass es sich um die Liveaufnahme einer indonesischen Noiseband handele. Ich höre den Alkohol in seiner Stimme. Der Schlagzeuger sei nach diesem Konzert von irgendeiner Sekte entführt und hingerichtet worden. Albert hört das nahende Unheil in der Musik, nimmt es ernst, muss noch mehr Whiskey trinken, muss die Kassette wechseln.

Armer Albert.

Es wird bestimmt toll in Olympia.

Albert zischt, weil ich das Thema nicht erwähnen soll.

Erzähl mal was von dieser Dina.

Dana.

Sag ich doch.

Noch fünfzehn Meilen bis Anacortes, Albert schläft, die Whiskeyflasche zwischen die Beine geklemmt. Ich habe ihm von der Dana erzählt, alles, was mir eingefallen war, hin und her, ohne zeitliche Ordnung, habe erzählt, wie vor ein paar Monaten die Dana auf der Mensatreppe ausgerutscht und der Hackbraten von ihrem Tablett geflogen war, habe alles erzählt, was ich über ihre Kindheit wusste, übersprang Jahre und Jahrzehnte, erzählte vom Unfall und vom Erdbeerfeld, Albert fragte nach ihrem Sternzeichen, ich beschrieb ihr Zimmer in allen Einzelheiten. Ich redete mich in ein richtiges Danafieber. Wochenlang habe ich versucht, mich gedanklich von der Dana abzuwenden, habe versucht, meine inneren Ohren vor ihr zu verschließen, habe sie gleichsam als Kommentatorin meiner eigenen Mangelhaftigkeit etabliert, habe mich bemüht, alles, was uns verbindet, auszu-

blenden. Ich kann nicht nicht an die Dana denken. Also habe ich gelernt, sie mir als Störfaktor zu denken, als etwas, das schlecht für mich ist, als etwas, das mir im Weg steht, als fragwürdige Instanz, als schlecht funktionierendes Gewissen, als Suppenversalzerin, als Schlechtmacherin. Aber jetzt, als ich Albert von ihr erzähle, kommt die Dana betreffend kein schlechtes Wort über meine Lippen. Unwichtig die Maßregelungen, die die Dana unentwegt an mir vornahm, unbedeutend die psychologischen Befunde, die sie mir andichtete. Meine Gefühle und Erinnerungen umschwärmten die Dana wie Schmetterlinge eine Blume. Kein Wort darüber, wie oft ich die Dana hasste, weil ich mich von oben herab behandelt fühlte. Kein Wort darüber, dass die Dana in Los Angeles ist. So wie Albert drauf ist, hätte er gewollt, dass wir zu ihr fahren. Mein Danafieber war schnell auf ihn übergesprungen.
Erzähl weiter!
Ich bin fertig.

Albert hat über meine Geschichten gelacht und dabei tüchtig getrunken. Jetzt war er an der Reihe.
Weißt du, was ein Engel ist?
Ich denke schon.
Er sagte, dass die Dana und ich, als zwei voneinander angezogene Menschen, die, wenn sie zusammen sind, die Möglichkeit einer sexuellen Begegnung ausschließen, ein engelhaftes Wesen darstellen würden.
Albert zündete mir eine Zigarette an.
Ein Engel ist bekanntermaßen geschlechtslos. Auf eine Art, die dem Mensch alleine nicht möglich ist. Ein einzelnes Wesen kann dem Engel nicht entsprechen. Es müssen mindestens zwei sein, denn Geschlechtslosigkeit kann auf Erden immer nur einen Beziehungsstatus, ein Verhältnis beschreiben. Wie eben bei der Dana und dir.

Ich atmete tief durch. Albert musste in Olympia schnellstens jemanden finden, mit dem er diese Art Gespräche führen konnte, sonst würde er eingehen.

Engel. Was für ein Blödsinn.

Aber Albert war ganz erfüllt von seiner Engeltheorie, sagte, es sei der gemeinsame Wunsch, das süße und zärtliche Gefühl zu bewahren, das der sexuelle Verzicht mit sich brächte.

So und nur so, sagte Albert, entstehe das engelhafte irdische Zwitterwesen.

Zum Beispiel durch die Dana und mich.

Albert sah mich ganz verzaubert an, sah das göttliche Strahlen, das von mir ausging, griff nach meiner Hand und bedankte sich bei mir, dem halben Engel, der sein Auto lenkte.

Ich aber stellte mir die Dana und mich vor, je mit einem Flügel ausgestattet, wie wir um unser Leben flattern, wie es uns nicht gelingt, einen gemeinsamen Rhythmus zu finden. Die Dana gibt den Takt vor, aber ich komme nicht hinterher, bin zu langsam und zu ungeschickt. Entnervt reißt die Dana mir den Flügel ab, und ich stürze, und die Dana kreist über mir, ein verkrüppelter Geier, der nicht mehr weiß, wonach er sucht.

Ich will kein Engel sein.

Du bist es aber, sagte Albert und schnippte die Kippe aus dem Fenster.

Neunundvierzig der fünfzig Aquarelle vom Yellowstone Park hatte ich letztes Jahr weggeschmissen. Eines aber hatte ich aufgehoben und rahmen lassen. Es zeigte die Dana und mich, wie wir in olivgrünen Unterhemden, Hand in Hand durch die Rocky Mountains ritten. Ich habe es ihr letztes Jahr zum Geburtstag geschenkt. Die Dana hat sich totgelacht, hat es ihren Gästen gezeigt und auch die haben gelacht. Ich kam mir uncool vor.

Am nächsten Tag hat sie mich angerufen und gesagt, es sei das schönste Geschenk, das sie je bekommen hätte.

Ich sagte ihr, sie soll nicht übertreiben.
Ehrlich.
Sie hat es übers Bett gehängt.

Ich halte bei einer Tankstelle, Albert macht ein Geräusch, aus seinem Mund riecht es gefährlich. Ich kaufe einen Kaffee, eine Karte, frage nach dem schönsten Strand von Anacortes, frage nach einem Zeltplatz, kaufe Wasser für Albert.
Die Kassiererin freut sich über mich, strahlt die ganze Zeit, fragt, ob ich aus Schweden käme, wegen meiner blonden Haare. Sie sei auch Schwedin, wegen ihrer blonden Haare. Kein Zeltplatz, sorry.
Sie empfiehlt mir ein Motel, empfiehlt mir eine Wanderroute, fragt, ob ich eine Tour zu den Orcas buchen möchte, das könne ich gleich jetzt und hier. Sie hat den Block mit Tickets schon in ihrer Hand.
Ich überlege es mir.
Ein Orcasouvenir?
Sie zeigt auf eine Ecke mit Andenken und Plüschtieren.
Orcas sind Franz Lieblingstiere, er nennt sie Killerwale.
Ich kaufe einen Schlüsselanhänger, dazu ein Poster, auf dem zwei Orcas springen, an ihren Schnauzen und Schwanzflossen schließen sie sich zu einem dicklich fischigen Herz zusammen.
Darüber steht in pinker Bubblegumschrift *I love you*.
Die Verkäuferin lobt meinen guten Geschmack.
Ihre Frau wird sich sehr darüber freuen.
Meine Frau. Ich werde ein bisschen rot.
Kann ich noch was für Sie tun?
Sie zeigt auf eine Zwölferpackung Donuts mit Bacon.
Nein, danke.
Sie gähnt. Dann fällt mir etwas ein.
Gibt es einen Nachtbus nach Los Angeles?

Alice gefiel das kleine Haus.

Craftsman Style, drei Schlafzimmer, Veranda, Garten. Sehr hübsch.

Seit Karls Nachbar vor einem guten Jahr gestorben war, stand das Haus leer. Fünfundzwanzigtausend Dollar waren die Erben schon mit dem Preis nach unten gegangen, es wollte sich einfach kein Käufer dafür finden.

Geld ist kein Problem, hatte Alice gesagt.

Eins muss man Jesse lassen, er war zwar ein echter Stinkstiefel, aber das Haus hat er top in Schuss gehalten.

Karl führte Alice durch alle Räume, zeigte ihr den Garten, die Pfirsichbäume und Himbeersträucher, und als sie auf der Veranda standen und rauchten, sagte Alice:

Ich nehme es.

Karls Gesicht hellte auf.

Wie schön.

Er würde Jesses Erben kontaktieren und ihnen anbieten, den Kauf für sie abzuwickeln.

Wir sind übrigens Nachbarn.

Er zeigte zum Nachbarhaus.

Da drüben wohne ich.

Das ist ja riesig.

Karl lachte.

Ein bisschen zu groß.

Wohnen Sie alleine dort?

Karl und seine Frau hatten das Haus vor zwanzig Jahren gekauft.

Wir wollten viele Kinder, eine ganze Horde.

Und?

Ist leider nichts draus geworden.

Karl trat die Zigarette aus und steckte die Hände in die Hosentaschen. Er sprach nicht gerne darüber.

Kurz nach der Hochzeit ist sie gestorben.

Das tut mir leid, sagte Alice.

Ein Badeunfall, man hat die Leiche nie gefunden. Ist alles lange her.

Kurz schwiegen sie. Alice mochte Karl. Sie vertraute ihm auf eine Art und Weise, vor der der junge Arzt im Krankenhaus sie gewarnt hatte.

Bleiben Sie skeptisch. So sehr Sie sich auch nach Vertrautheit sehnen.

Alice rückte ein bisschen näher an ihn heran. Er roch nach Öl und Zigaretten, aber es war auszuhalten.

Ich würde Sie gerne zum Essen einladen. Als Dankeschön. Für alles.

Karl stutzte, in seiner Generation fragten eigentlich die Männer die Frauen und nicht andersherum. Egal, schließlich könnte die junge Frau in ihren bunten Klamotten seine Tochter sein.

Warum nicht, sagte er, ich kenne ein nettes Lokal direkt am Hafen.

Klingt gut.

Karl ging duschen und Alice setzte sich auf die Treppen vor dem Haus. Ihr rechtes Auge zuckte und ihre Hände zitterten ein wenig vor Aufregung. Ein eigenes Haus. Sie griff in ihre Jackentasche und holte den Pfirsich heraus. Es war der letzte, der noch am Baum gehangen hatte. Karl hatte sich auf die Zehenspitzen gestellt, seinen rechten Arm ausgestreckt und ihn für sie gepflückt.

Sie biss in den Pfirsich und hörte Karl durch das geöffnete Badezimmerfenster unter der Dusche singen. Der süße Saft rann ihr übers Kinn, Karls Stimme, schief und wackelig, tönte durch die Nachbarschaft. Alice lehnte sich zurück, schloss die Augen und ließ ihre Hände über die Stufen gleiten.

Mein eigenes Haus, dachte sie und hinter ihrer Aufgeregtheit spürte sie bereits eine zukünftige Ruhe, die mit diesem Haus und seinem Besitz verbunden sein würde. Kein Herumstreunern, keine Versteckspiele, keine falschen Entscheidungen mehr. Sie

war glücklich und zum ersten Mal, seitdem sie im Krankenhaus aufgewacht war, vielleicht auch zum ersten Mal in ihrem Leben, konnte sie nach vorne sehen, ohne Angst und voller Zuversicht.
Fahren Sie nach Anacortes, hatte der junge Arzt gesagt, es wird Ihnen gut tun.
Er hatte Recht behalten.

ACHTUNDZWANZIG

Der Strand von Anacortes leert sich, kühler Wind weht vom Meer. Auf der Grünfläche Spielgerüste, Tischtennisplatten, Picknicktische, links und rechts der kleinen Bucht steigen Berge in die Höhe, in der Nähe des Ufers ein Boot mit Fischern, sie füttern einen Seehund. Amerikanischer Frieden. Ein paar Kinder am Strand gucken der Fütterung zu, wollen auch mal, dürfen nicht, die Eltern kommen, ziehen sie weg, verfrachten sie unter lauten Protestrufen in ihre Autos. Immer die Eltern, die an ihren Kindern zerren, ein Leben lang, egal, wie groß die räumliche Distanz auch sein mag, egal, wie alt man ist.

Aus dem Gebüsch hundert Meter hinter mir raschelt eine Gruppe Naturkundler zurück in die Zivilisation. Sie packen Ferngläser, Thermoskannen und Bestimmungsbücher zusammen, über uns ein Weißkopfseeadler, der Seehund nimmt den letzten Fisch, taucht ab. Die Orcas lauern unsichtbar im Meer. Neben mir liegt meine nasse Badehose. Einige Senioren hatten Beifall geklatscht, mich als echten Kerl bezeichnet, als ich zögernd ins Wasser ging. Länger als eine Minute habe ich es nicht ausgehalten, der eisige Pazifik hatte mir die Beine weggezogen, mich durchgewirbelt und zurück an Land gespuckt. Zähneklappernd und gedemütigt kehrte ich zurück, jetzt lachten die Senioren.
Ich hole meine Jacke, klaue einen großen Schluck aus Alberts Flasche, um wieder warm zu werden. Wann er wohl endlich aufwacht? Kriegt man von einer halben Flasche Schnaps eigentlich eine Alkoholvergiftung? Ich glaube nicht. Genau wie ich hat Albert in den letzten Tagen zu wenig geschlafen, hat Nachhol-

bedarf, ist fix und fertig. Da liegt er, muss kurz wach gewesen sein, hat den Beifahrersitz in Liegeposition gebracht, sich mit der Straßenkarte zugedeckt.

Auf einem Findling am Strand sitzt ein Mann, spielt Gitarre, singt leise. Ein Kranz aus Gänseblümchen schmückt seinen kahlen Schädel, vor ihm im Gras liegt ein kleines Mädchen und spielt Gameboy. Das Gedudel ihres Spiels mischt sich unangenehm mit den sanften Klängen der Gitarre. Albert würde es gefallen, mich nervt es. Diese ganzen Überlagerungen und Durchmischungen, die daraus resultierenden Disharmonien, das zeitweise Zusammenspiel der Melodien, ihr plötzliches Auseinanderdriften, wie sie sich ins Wort fallen, um dann kurz Einklang zu simulieren, bevor sie wieder auseinanderfallen.

Wie im echten Leben, würde Albert sagen, fasziniert von den Fähigkeiten der Musik.

Das echte Leben. Der Franz, der Mitch, die Dana, Dustin, Nick und Albert, sie alle glauben, sie wüssten, was das ist. Nur ich habe keine Ahnung, und will's auch gar nicht wissen.

Unmotiviert werfe ich ein paar Steine ins Wasser. Gottes Stellvertreter auf Erden, ha, Albert hat sie doch nicht alle.

Es wird langsam dunkel.

Vor mir steht das Mädchen, den Gameboy in den Hosenbund geklemmt, in der Hand zwei Stück Wassermelone. Der Mann steht am Strand, blickt hinaus aufs Meer, die Hände in den Taschen seines Overalls, die Gitarre liegt im Sand und schweigt.

Hier für dich.

Sie gibt mir eines der Melonenstücke und beißt ins andere. Es ist mehlig, schmeckt nach Gurke. Ich zerdrücke das spröde Fruchtfleisch mit der Zunge am Gaumen. Am liebsten würde ich es wieder ausspucken.

Mein Onkel fragt, ob bei dir alles in Ordnung ist.

Alles in Ordnung. Danke.

Sie setzt sich neben mich.
Kann ich dich auch was fragen?
Sie nickt.
Wieso füttern die Fischer den Seehund?
Du meinst Popeye? Er ist hässlich, oder? Wie ein Zombie.
Sie sagt, das Tier sei vor ein paar Jahren von einer Schiffsschraube verletzt worden, habe dabei die halbe Schnauze und ein Auge verloren, könne seitdem nicht mehr jagen.
Die Fischer füttern ihn, weil sie es gutmachen wollen, fasse ich zusammen.
Aber wenn einem etwas fehlt, dann fehlt es einfach, da gibt es nichts mehr gutzumachen.
Willst du eine Limo?
Gerne.
Das Mädchen rennt zu ihrem Onkel, kommt mit zwei Dosen Cola zurück. Sie strahlt.
Cola ist das Beste.
Mit ihren kleinen Fingern öffnet sie die Dose, trinkt gierig. So wie wir, als noch jeder Schluck nach Daddy schmeckte, als ein Schluck reichte, um uns nach Amerika zu träumen. Woher kommt ihre Gier? Zu wem bringt sie die Cola? In welches Land, in welchen Traum?
Die Cola ist so kalt, dass es beim Trinken an den Zähnen weh tut. Sie klackert mit der Dose, wackelt mit den Füßen, baumelt mit den Beinen, pfeift durch ihre Zahnlücke. Wie alt sie wohl ist? Neun? Zehn? So alt wie der Franz, als er zum ersten Mal in die Klinik musste? Der Wind zerzaust ihr Haar, sie streicht es hinters Ohr und sagt:
Ich geh dann mal wieder.
Warte.
Ich will ihr auch etwas schenken: Ich krame aus meinem Rucksack das Briefpapier, den Kugelschreiber. Etwas anderes habe ich nicht.

Schreibst du gerne?
Weiß nicht.
Ich halte ihr mein Geschenk hin, aber sie klammert sich an ihre Dose und das Stück Melone, senkt verschämt den Blick zum Boden.
Vielleicht schreibst du mir ja mal, warte, ich gebe dir meine Adresse. Schreib mir, wie es Popeye geht, oder wie das Wetter ist, was du so machst.
Sie stellt ihre Dose auf den Tisch und nimmt zögernd mein Geschenk entgegen.
Mal sehen, sagt sie.
Schreib mir jeden Tag, schreib mir alles, was du machst und denkst und fühlst, schreib mir, wie es ist, will ich sagen, schreib mir, um es wieder gutzumachen, schreib mir aus einer amerikanischen Kindheit, die ich selbst nicht hatte. Sie klackert mit dem Kugelschreiber, schlürft an ihrer Dose, benutzt den Block als Fächer. Etwas fällt heraus, sie gibt es mir.
Was ist das?
Christine Cunningham, Karl Anacortes, Gene Oakland, Dustins Schrift.
Ich zerknülle den Zettel und werfe ihn in den Papierkorb.
Was will ich mit Dustins Freunden?
Ihr Onkel ruft.
Alice!
Die Kleine stöhnt genervt.
Ich muss gehen, mein dummer Onkel will nach Hause, sagt sie und bleibt sitzen.
Dummer Onkel. Es gefällt mir nicht, wie sie das sagt. Niemals hätte ich den Großonkel dumm genannt. Zeit seines Lebens hatte er versucht, Schäden, die andere Männer in dieser Welt angerichtet hatten, zu beheben.
Was ist so doof an deinem Onkel?
Sie zuckt mit den Schultern.

Er hat keine Kinder, ich finde Erwachsene ohne Kinder sind komisch.
Alice!
Der Onkel hat die Gitarre eingepackt, faltet Handtücher zusammen.
Ich habe auch keine Kinder. Findest du mich auch komisch?
Das Mädchen lacht, spuckt ein paar Melonenkerne ins Gras.
Du bist doch nicht erwachsen.

Alice!
Der Onkel wird sauer.
Ich muss los.
Sie reicht mir ihre Hand.
Auf Wiedersehen.
Ihre kleine Hand ist kalt und rau. Ich halte sie so lange, ich darf.
Auf Wiedersehen, Alice.
Sie dreht sich um und hüpft im Hoppsalauf zu ihrem Onkel. Er schimpft mit ihr, Alice zeigt sich unbeeindruckt. Ein selbstsicheres Kind, unbeugsam und stark.
Wie der Würth, wie die Sina Wiegand, wie alle, die ohne das Gefühl der Unvollständigkeit ins Leben starten.
Ich sehe auf die Uhr und ich hole meine Sachen aus dem Kofferraum.
Albert!
Sanft versuche ich, ihn wachzurütteln, aber Albert schläft. Schläft wie ein Stein, bekommt nichts mit, verschläft den Abschied. Ich decke ihn mit meinem Schlafsack zu und lege das Poster mit den Orcas neben ihn auf den Fahrersitz. I love you. Mein Abschiedsbrief.

Wieso ist das so mit dir und mir?, hatte die Dana mich am Abend des Unfalls gefragt, wieso sind wir uns so nah und wieso ziehen wir uns immer wieder voneinander zurück?

Weil ich nicht anders kann, habe ich gesagt.

Ich nehme das Bild vom Joe aus dem Rucksack, und ohne es noch einmal anzusehen, übergebe ich es dem Meer.

Ein letzter Blick auf Albert. Ich lasse ihn schlafen, setze den Rucksack auf und laufe los, die dunkle Straße zurück nach Anacortes.

Ich bin spät dran, Fledermäuse flattern durch die Dämmerung, auf dem Boden flitzt und krabbelt es, eine Eule ruft. Da hinten auf dem Parkplatz in seinem windumwehten Auto liegt Albert, hochbegabt und irgendwie verloren, ausgesetzt und sitzengelassen. Es wird immer kälter, ich mache meine Jacke zu und laufe etwas schneller. Ein Auto hupt. Alice und ihr Onkel halten an. Komm mit!, rufen sie mir zu.

Aber ich will nicht, will mit niemandem mehr mitkommen. Ab jetzt bestimme ich, wo lang und auch, wohin. In einer Stunde fährt der Bus zur Dana. Von hinten kommen Schritte, über mir der Himmel und die Sterne. Die Dana sitzt in ihrer Wohnung in L.A. und wartet, dass ich endlich komme.

Die Schritte werden lauter. Ich sehe mich nicht um, denn ich weiß genau, was da von hinten kommt. Es ist Albert. Ich fahre zur Dana und Albert bringt mich hin, geleitet mich zum Bus, im Festgewand, goldener Anzug, goldene Haare, rote Bäckchen, strahlt über beide Ohren und die Luft um ihn herum fängt an, zu glitzern. Ich fahr zur Dana und Albert tanzt vor Freude, wie schön er ist, wie elegant.

Albert tanzt und Englein fliegen, und dann kommt Nick, ich höre seine Schritte, ich höre seine Stimme. Und dann sind sie alle da. Ich muss mich gar nicht umdrehen, ich weiß es doch. Da sind Dustin, Dustins Family, Ivo, Iva, Jeremy, der Mann aus dem Motel; glänzend, glitzernd, sportlich kostümiert treiben sie mich Richtung Busbahnhof. Eine schillernde Eskorte, all das Leuchten, das amerikanische Glitzern, das sie schon immer in sich trugen, holen sie nach außen, ein Strahlen, und ich spüre, wie es mich durchdringt, spüre wie das Unvollständigkeitsgefühl sich auflöst.

Noch eine halbe Stunde, Christian Pietzsch.

Mickey, Cynthia schlagen Räder, die Studenten aus Chicago formieren sich zu einer Pyramide, alle meine Freunde aus der Collegestadt, die Bushwicks, Tracey, David ohne Kopf – alle sind gekommen – und da kommt Alice, im silbernen Kostüm, den Kopf geschmückt mit tausend Pfauenfedern, setzt sie sich an die Spitze, führt freudestrahlend das Ensemble an.

Lauf schon, Christian! Die Dana wartet doch.

Auf in die Stadt der Engel, Christian Pietzsch.

Nick prescht vor, drückt mir ein Sandwich in die Hand.

Komm wieder, GI Joe!

Albert kommt und küsst mich auf den Mund.

Zwei Halbe sind ein Ganzer!

Alice kommt und schenkt mir Juicy Fruit und eine große Blutwurst.

Noch ein halbe Stunde. Immer schneller werden meine Schritte, ich renne schon, jetzt fliege ich. Da hinten ist der Busbahnhof.

Einmal zur Dana, einmal nach Los Angeles.

Raketen knallen, und der Himmel färbt sich Pink.

Die Dana und ich fahren in die Rocky Mountains.

Elsbeth schießt mit Goldfontänen.

Wir reiten durch die Rocky Mountains.

Vergiss uns nicht!

Wir reiten Hand in Hand.

Da stehen sie und winken. Lärm und Trillerpfeifen.

300 Millionen halbe Amerikaner.

Komm wieder, Christian Pietzsch.

Du gehörst zu uns und wir zu dir.

Die Türen schließen sich, ich spüre mein amerikanisches Herz plötzlich riesengroß in meiner kleinen deutschen Brust.

Du bist doch nicht erwachsen, hat das Kind gesagt.

Es ist noch nicht zu spät für ein bisschen amerikanische Kindheit. Die Dana und ich, wir fangen noch mal von vorne an. Der Himmel glüht. Der Bus fährt los und in zweiunddreißig Stunden stehe ich vor ihrer Tür. Ich hoffe, sie macht auf.

DANKE AN

Heide Nord und Ole Tabel, Katharina Schilling, Daniel Mellem, Stephan Roiss, Sibylla Hirschhäuser, Katharina Brauer, David Blum, Lina Morawetz, Adam Heise, Ulrike Melzer, Meike Tabel, meine Eltern, Timm Rautert, Gisela Brauer, Lothar Wekel, Karina Bertagnolli

Bücher
sind
fliegende
Teppiche
ins Reich
der Fantasie.

James Daniel

Weitere Literatur im marixverlag finden Sie unter
www.verlagshaus-roemerweg.de/Marix_Verlag/Literatur/

Bibliografische Information der Deutschen Nationalbibliothek
Die Deutsche Nationalbibliothek verzeichnet diese Publikation in der Deutschen
Nationalbibliografie; detaillierte bibliografische Daten sind im Internet über
http://dnb.d-nb.de abrufbar.

Es ist nicht gestattet, Texte dieses Buches zu scannen, in PCs oder auf CDs
zu speichern oder mit Computern zu verändern oder einzeln oder zusammen
mit anderen Bildvorlagen zu manipulieren, es sei denn mit schriftlicher
Genehmigung des Verlages.

Alle Rechte vorbehalten

Dieses Werk wurde vermittelt durch die Literarische Agentur Simon,
www.agentursimon.com

© by S. Marix Verlag in der Verlagshaus Römerweg GmbH, Wiesbaden 2022
Lektorat: Anna Schloss
Covergestaltung: Anja Carrà, Weimar
Bildnachweis: ©jdoms - stock.adobe.com
Umschlag, Satz und Layout: Anja Carrà, Weimar
Der Titel wurde in der Times New Roman gesetzt.
Gesamtherstellung: CPI books GmbH, Leck – Germany

ISBN: 978-3-7374-1182-0

Mehr über Ideen, Autoren und Programm des Verlags finden Sie auf
www.verlagshausroemerweg.de und in Ihrer Buchhandlung.